INVENTAIRE
G 18,917

G

G

ENSEIGNEMENT
HISTORIQUE ET GÉOGRAPHIQUE

GÉOGRAPHIE PHYSIQUE DE LA FRANCE

Classe de Cinquième.

ENSEIGNEMENT HISTORIQUE ET GÉOGRAPHIQUE
DANS LES LYCÉES.

OUVRAGES SPÉCIALEMENT RÉDIGÉS,
d'après le Programme du 30 août 1852,
Par MM. ANSART Fils et Ambroise RENDU.

CLASSE DE SIXIÈME.
NOTIONS GÉNÉRALES D'HISTOIRE ET DE GÉOGRAPHIE ANCIENNES ET HISTOIRE DE FRANCE jusqu'à la fin de la première race. 1 vol. in-12, broché, 3e édition.   3 fr. 25 c.

CLASSE DE CINQUIÈME.
HISTOIRE ET GÉOGRAPHIE DE LA FRANCE, depuis l'avènement de la seconde race jusqu'à François 1er. 1 volume in-12, broché, 3e édition.   3 fr. 25 c.
Le même volume, suivi de *la Géographie physique de la France*. In-12, broché.   3 fr. 75 c.

CLASSE DE QUATRIÈME.
HISTOIRE ET GÉOGRAPHIE DE LA FRANCE, depuis l'avènement de François 1er jusqu'en 1815. 1 vol. in-12, br., 3e édit.   3 fr. 25 c.
Le même volume, suivi de *la Géographie administrative de la France*. In-12 broché.   3 fr. 75 c.

CLASSE DE TROISIÈME.
HISTOIRE ET GÉOGRAPHIE ANCIENNES, depuis l'origine du monde jusqu'à la chute de l'Empire d'Occident. 1 volume in-12, broché, 2e édition.   3 fr. 25 c.
Le même volume, suivi de *la Géographie physique du globe* (objet du cours, — grandes divisions). In-12, broché.   3 fr. 75 c.

CLASSE DE SECONDE.
HISTOIRE ET GÉOGRAPHIE DU MOYEN AGE. 1 volume in-12, broché, 2e édition.   3 fr. 25 c.
Le même volume, suivi de *la Géographie politique et statistique des États Européens* (la France exceptée). In-12, broché.   3 fr. 75 c.

CLASSE DE RHÉTORIQUE.
HISTOIRE ET GÉOGRAPHIE DES TEMPS MODERNES (1453-1815). 1 volume in-12, broché.   3 fr. 25 c.
Le même volume, suivi de *la Géographie physique et politique de la France*. In-12, broché.   3 fr. 75 c.

Le cartonnage se paye en sus 25 c. par volume.

Chaque volume contient les Cartes correspondantes aux Questions de Géographie historique prescrites par les Programmes.

Chacun des cahiers de Géographie ajoutés à la fin des volumes peut se vendre séparément, broché.   75 c.

Tous ces volumes répondent également aux questions d'Histoire et de Géographie des programmes des baccalauréats ès lettres et ès sciences, qui sont insérés dans chaque volume avec renvois détaillés.

Paris. — Typ. Morris et Comp., rue Amelot, 64.

Les Auteurs se réservent le droit
de traduction.

ENSEIGNEMENT
HISTORIQUE ET GÉOGRAPHIQUE

D'APRÈS

LE NOUVEAU PLAN D'ÉTUDES

ET

LES PROGRAMMES ARRÊTÉS PAR M. LE MINISTRE DE L'INSTRUCTION PUBLIQUE,

le 30 août 1852.

CLASSE DE CINQUIÈME.

GÉOGRAPHIE PHYSIQUE DE LA FRANCE

PAR

M. ANSART FILS,

Professeur d'Histoire et de Géographie, Membre de la Société de Géographie,

ET

M. Ambroise RENDU,

Docteur en droit.

TROISIÈME ÉDITION, REVUE ET CORRIGÉE AVEC SOIN.

———o◊o———

PARIS

LIBRAIRIE ECCLÉSIASTIQUE ET CLASSIQUE
DE CH. FOURAUT,
47, RUE SAINT-ANDRÉ-DES-ARTS.

1857

Atlas divers de M. E. ANSART qui se trouvent à la même Librairie :

ATLAS HISTORIQUE ET GÉOGRAPHIQUE ANCIEN ET MODERNE, renfermant toutes les Cartes nécessaires pour suivre un Cours complet d'Études historiques et géographiques, dressé pour l'usage des *Lycées*, des *Colléges*, des *Séminaires* et de tous les *Établissements d'éducation* ; nouvelle édition, augmentée d'un grand nombre de Cartes nouvelles et destinées à accompagner le Cours d'Histoire et de Géographie annoncé d'autre part, par M. ED. ANSART fils, professeur d'Histoire et de Géographie. 1 volume grand in-4°, composé de 59 planches, donnant près de 100 Cartes et Plans, cartonné, 18 fr.

Cet Atlas, comme le Cours auquel il correspond, est divisé en plusieurs séries, comme suit :

N° 1. ATLAS pour les Classes de 6°, 5° et 4°, 1 volume in-4°, renfermant 21 planches, donnant 40 cartes et plans, cartonné, 6 fr. 50 c.

N° 2. ATLAS pour la classe de 3°, 1 volume in-4°, renfermant 24 planches, donnant 50 cartes et plans, cartonné, 7 fr.

N° 3. ATLAS pour les classes de seconde et de rhétorique, 1 volume in-4°, renfermant 27 planches, donnant 40 cartes et plans, cartonné, 8 fr.

Chaque carte séparément, 25 cent.

PETIT ATLAS HISTORIQUE ET GÉOGRAPHIQUE à l'usage des Écoles Normales Primaires, des Écoles Primaires Supérieures, et des Classes Élémentaires des Colléges, composé de 40 Cartes formant 1 vol. grand in-8°, cartonné, 6 fr.

Il est divisé en trois parties, savoir :

1re Partie. HISTOIRE ANCIENNE et HISTOIRE ROMAINE, 1 volume grand in-8°, 12 Cartes, cartonné. 2 fr. 25 c.
2e Partie. HISTOIRE DU MOYEN AGE, HISTOIRE MODERNE et HISTOIRE DE FRANCE, 1 vol. gr. in-8°, 12 Cartes, cart., 2 fr. 25 c.
3e Partie. GÉOGRAPHIE CONTEMPORAINE, 1 volume grand in-8°, 16 Cartes, cartonné, 2 fr. 25 c.

Chaque partie, avec les Cartes muettes, grand in-8°, cart., 3 fr. 50 c.

Tout exemplaire qui ne sera pas revêtu de la signature de l'un des Auteurs et de celle de l'Éditeur sera réputé contrefait.

Extrait du Programme du 30 août 1852

POUR L'ENSEIGNEMENT HISTORIQUE ET GÉOGRAPHIQUE.

GÉOGRAPHIE DE LA FRANCE

IV

CLASSE DE CINQUIÈME.

Géographie physique de la France.

Pages.

1. Des limites naturelles et des limites politiques de la France.   2
   - Position astronomique.   3
   - Superficie.   3
   - Dimensions.   3
   - Contour des côtes.   4
   - Iles.   5
   - Golfes et mers.   5

2. Montagnes.   8
   - Leur direction, leur altitude.   9
   - Bassins qu'elles dessinent.   12
   - Ligne générale de partage des eaux.   12

3. Division de la France en grandes régions physiques.   14
   - Plaines les plus remarquables.   17

	Pages.
4. Fleuves et rivières distribués par versants.	21
Cours d'eau tributaires de la mer du Nord.	22
De la Manche.	22
Et du Golfe de Gascogne.	23
5. Cours d'eau tributaires de la Méditerranée.	26
Longueur comparée des principaux fleuves de France.	26
Leur débit.	27
Régimes différents de ces fleuves.	28
Caractère capricieux de la Loire.	29
Débordement du Rhône.	30
Barres de la Seine et du Rhône.	31
6. Lacs.	33
Étangs.	34
Marais.	35
Climat.	35
Température moyenne ; températures extrêmes.	36
Différence dans la quantité de pluie qui tombe sur les diverses parties de la France.	40
7. Géologie.	43
Étendue respective des divers terrains formant la couche superficielle de la France.	44
Nature du sol des grandes régions physiques.	52
8. Géographie minérale.	57
Gisement des mines de fer, d'argent et de plomb, de cuivre, de manganèse, d'antimoine,	58
Carrières de gypse, de chaux, de kaolin, d'ardoise, de granit, de marbre.	60
Marais salants.	62

	Pages.
Sel gemme.	63
Eaux thermales.	63
Gîtes houillers.	64
Tourbières.	65
9. Géographie botanique.	68
Étendue du sol arable.	68
Étendue du sol forestier.	69
Essences dominantes.	70
Productions végétales les plus utiles.	71
Grandes zones de culture.	74
Grandes régions agricoles.	75
10. Faune de la France.	79
Anciens animaux qui n'existent plus sur notre sol.	79
Production de la France en chevaux, bêtes à laine et bêtes à cornes.	81
Régions favorables à l'élève des troupeaux ou de l'espèce chevaline.	82
Vers-à-soie.	84
Pêcheries sur nos côtes.	85

CLASSE DE CINQUIÈME.

GÉOGRAPHIE PHYSIQUE DE LA FRANCE.

CHAPITRE PREMIER.

LIMITES ET ÉTENDUE DE LA FRANCE. — SES MERS.

SOMMAIRE.

1. La France a pour limites naturelles la mer du Nord, la Manche, l'Océan Atlantique, les Pyrénées, la Méditerranée, les Alpes, le Rhin. — Ses limites politiques sont les mêmes, excepté à l'est, où elles quittent les Alpes pour suivre le Rhône et le Jura jusqu'au Rhin; et au Nord, où, depuis le confluent du Rhin avec la Lauter jusqu'à la mer du Nord près de Dunkerque, elles suivent une ligne brisée qui sépare la France de la Prusse Rhénane, du Luxembourg, et de la Belgique.

2. Elle est comprise dans la latitude du 41° 20′ au 51° 5′ et sous la longitude 7° 15′ au 5° 55′.

3. La superficie de la France est de 536,000 kilomètres carrés sur une longueur de 1,000 kilomètres et une largeur de 915. Elle a 2,500 kilomètres de côtes et 1650, des frontières de terre.

4. La côte de l'Océan, couverte de dunes au nord, puis de falaises, est hérissée d'écueils en Bretagne, présente des marais et des étangs à l'O., puis de nouveau des dunes au S. O. — La côte de la Méditerranée, rocheuse près des Pyrénées, puis marécageuse plus à l'E., puis rocheuse de nouveau, prend un aspect riant et délicieux à l'extrémité orientale.

5. Les mers voisines de la France sont: la mer du Nord, l'océan Atlantique, qui forme la Manche et la Méditerranée;—dans cette dernière se trouvent les îles de Corse, de Lérins, d'Hyères; à l'O., dans l'océan Atlantique sont les îles de Ré, séparée de la côte par le pertuis Breton, d'Oléron, le long des pertuis de Maumusson et d'Antioche, d'Yeu, de Noirmoutier, Belle-Ile, etc.; — dans la Manche s'avance le cap de la Hague, dans le Pas-de-Calais se trouve le cap de Gris-Nez.

— La Méditerranée forme le golfe du Lion ; l'Océan ceux de Gascogne, du Morbihan, de Brest, marqué par la pointe du Raz ; celui de Cancale est formé par la Manche.

1. DES LIMITES NATURELLES ET DES LIMITES POLITIQUES DE LA FRANCE. — La contrée appelée *France* et que les Romains nommaient *Gaule* (tome Ier, n° 325) est située vers l'extrémité occidentale de l'Europe. Elle a pour limites naturelles du N. au N. O., depuis les bouches du Rhin et de la Meuse jusqu'à la *Pointe du Raz*, à l'extrémité de la Bretagne : la mer du Nord, le Pas-de-Calais et la Manche ; — à l'O. l'océan Atlantique et le golfe de Gascogne ; — au S. les Pyrénées et la partie de la mer Méditerranée nommée golfe du Lion ; — à l'E. le Var, les Alpes et le Rhin, dont le cours inférieur jusqu'à son embouchure achève de borner la France de l'E. au N. (1).

Ces frontières, tracées par la nature, ont été modifiées par les événements politiques, et depuis les traités de 1815, les limites de la France sont :

Au N., la mer du Nord, depuis un point pris sur la côte non loin de Dunkerque ; au N. O., le Pas-de-Calais et la Manche jusqu'à la Pointe du Raz ; — à l'O., l'océan Atlantique et le golfe de Gascogne ; au S., la Bidassoa, une ligne tracée le ong de la chaîne des Pyrénées jusqu'au cap Cerbera, et la mer Méditerranée dans toute l'étendue du golfe du Lion. Sur ces trois côtés, la France a, comme on le voit, conservé ses bornes naturelles.

A l'E., la limite suit le Var, puis la chaîne principale des Alpes, qu'elle abandonne au delà du mont Tabor pour gagner le Rhône, puis la chaîne du Jura, et enfin le Rhin jusqu'au confluent de la Lauter. Au N. E. la France est bornée

---

(1) Voir l'atlas in-4° de M. Ansart, carte de la FRANCE PHYSIQUE.

par la Bavière et la Prusse Rhénane, puis par le Luxembourg Hollandais, et enfin par la Belgique ; mais elle n'est séparée de ces contrées que par une ligne fictive qui partant du Rhin va aboutir à la mer du Nord un peu au-dessus de Dunkerque. Cette limite coupe un grand nombre de rivières dont les principales sont la Moselle, la Meuse et l'Escaut. Le cours de la Meuse appartenant à la France jusqu'à Givet, la limite offre en cet endroit la pointe la plus saillante de cette ligne brisée qui sert à la France de frontière vers le N. Ainsi que nous le verrons plus tard (voir la *Géographie administrative de la France*, tome III, deuxième partie, chapitre VII), la faiblesse naturelle de cette frontière, qui n'est défendue par aucun obstacle naturel, a été en beaucoup d'endroits compensée par l'érection de redoutables places de guerre.

2. POSITION ASTRONOMIQUE. — La France, renfermée, en y comprenant la Corse et les autres îles qui en dépendent, entre le 41° degré 20 minutes et le 51° degré 5 minutes de latitude septentrionale, s'étend depuis le 7° degré 15 minutes de longitude occidentale jusqu'au 5° degré 55 minutes de longitude orientale.

Le méridien de Paris (0 degré) la partage en deux parties de dimensions inégales, dont la largeur ne diffère toutefois que d'un degré et demi.

3. SUPERFICIE. — DIMENSIONS. — La France présente la forme d'un hexagone irrégulier d'une superficie d'environ 536,000 kilomètres carrés. Sa plus grande longueur du N. au S., depuis la frontière de Belgique jusqu'à celle d'Espagne, égale 1,000 kilomètres environ, et sa plus grande largeur, de l'O. à l'E., depuis la pointe de la Bretagne jusqu'au Rhin, est de 915 kilomètres.

Le développement des côtes de la France est d'environ

2,500 kilomètres, dont 1,927 sur l'océan Atlantique et 573 sur la Méditerranée; celui des frontières de terre est de 1,650 kilomètres.

4. Contour des côtes. — Les côtes de la France, sur l'Océan comme sur la Méditerranée, présentent des aspects très-divers, tant par leurs formes que par la nature du sol (voir ci-après chapitre vii).

A partir de la frontière du Nord, le rivage peu découpé présente de nombreux monticules, appelés *dunes*, que forme et grossit le sable, incessamment refoulé par les marées et par les vents; plus bas, et sur les côtes de la Manche, la côte se hérisse de hautes *falaises*, remparts naturels, murailles blanchâtres et colossales, dont les parois escarpées, battues sans relâche par les flots, abandonnent chaque jour des fragments qui, roulés par les vagues avec un bruissement formidable, forment des cailloux ronds et durs que l'on appelle *galets*.

Des roches granitiques aux pointes aiguës, aux teintes noirâtres, qui se prolongent sous les eaux en redoutables écueils, donnent aux côtes de la Bretagne, plus découpées que toutes les autres, un aspect sauvage et grandiose. Au delà et au sud de cette vaste presqu'île, des plages en pente douce laissent les eaux de la mer s'étendre sur le rivage et former des marais salants, source de richesse pour plusieurs départements du S. O. (chap. viii). Les dunes reparaissent au sud de la Gironde, entrecoupées par de vastes étangs ou baies marécageuses; ces sables, jadis stériles, se couvrent peu à peu de pins maritimes qui arrêtent comme une digue naturelle les empiétements de l'Océan.

Le long de la Méditerranée, à partir de la chaîne des Pyrénées, des collines rocheuses bordent le rivage, pour laisser place bientôt à des plages sablonneuses et plates où se multiplient jusqu'aux bouches du Rhône les lagunes, les vastes étangs, les marais salants ; puis au delà du Rhône, des rochers brûlés par le soleil hérissent le rivage, jusqu'à ce que, s'écartant peu à peu et se transformant en croupes boisées, ils entourent et abritent à l'extrémité S. E. une région dont le climat délicieux et les productions précieuses rappellent les sites les plus favorisés de l'Italie. (Voir ci-après, chap. IX.)

5. ILES, GOLFES ET MERS. — Nous avons fait connaître, en indiquant les limites de la France, les trois grandes mers qui en baignent les rivages et où se trouvent les îles qui en dépendent, ce sont : la *mer du Nord*, au N. O. ; l'*Océan Atlantique* avec la *Manche* et le *Pas-de-Calais*, à l'O. ; enfin la *mer Méditerranée*, au S. E.

Ces mers entourent plusieurs îles que possède la France et dont la plus considérable est celle de *Corse*, située dans la Méditerranée, au S. E. et à 160 kilomètres du point le plus rapproché des côtes de France.

Les autres ÎLES, beaucoup moins grandes et situées le long de nos rivages, sont : les îles de *Lérins* et d'*Hyères*, dans la Méditerranée ; celles d'*Ouessant*, de *Groix*, de *Belle-Ile*, de *Noirmoutier*, d'*Yeu* ou *Dieu*, de *Ré*, d'*Oléron*, et plusieurs autres petites encore, dans l'Atlantique. — Outre le Pas-de-Calais, les seuls DÉTROITS remarquables formés par les mers qui baignent la France sont : le *pertuis Breton*, entre l'île de Ré et le continent ; le pertuis de *Maumusson* entre l'île d'Oléron et le continent, et celui d'*Antioche*, entre les îles de Ré et d'Oléron.

Nous avons nommé plus haut (n° 1) le grand GOLFE de *Gascogne* dans l'océan Atlantique, entre les côtes de France et d'Espagne et le golfe du *Lion*, sur les côtes de la Méditerranée ; on peut citer encore :

Sur les côtes de l'océan Atlantique : la *baie de Cancale*, au S. de la Manche ; les *baies de Brest* et de *Douarnenez*, à l'O. de la presqu'île de Bretagne ; le petit golfe du *Morbihan*, au S. de cette même presqu'île ; enfin le *bassin d'Arcachon*, beaucoup plus au S. E. ; tous, à l'exception du premier, sont formés par l'océan Atlantique.

Sur le rivage de la Méditerranée, on remarque les vastes lagunes appelées étangs de *Leucate*, de *Sigean*, de *Thau*, sur la côte occidentale, et étang de *Berre*, à l'E. de l'embouchure du Rhône. Nous en reparlerons plus loin en nous occupant des lacs et des étangs (voir chapitre VI).

Il existe sur les côtes de la France quelques découpures importantes marquées par plusieurs CAPS et trois PRESQU'ÎLES, plus ou moins considérables. Ce sont : dans la mer de la Manche, le cap *Gris-Nez*, vers la partie la plus resserrée du détroit du Pas-de-Calais ; le cap *la Hève*, au N. de l'embouchure de la Seine ; la péninsule du *Cotentin*, qui s'enfonce dans la mer de la Manche, et se termine au N. E. par *la pointe de Barfleur*, et au N. O. par le *cap de la Hague*.

La grande péninsule de l'ancienne *Bretagne*, qui se prolonge entre la Manche et l'océan Atlantique, se termine à l'O. par les caps ou *pointes du Raz* et de *Penmark*, environnées de dangereux écueils, que de nombreux naufrages ont rendus l'effroi des navigateurs. — La côte de Bretagne projette au S. la longue mais étroite péninsule de *Quiberon*, devenue tristement célèbre dans les guerres de la Révolution (voir t. III de ce Cours, chap. XX).

QUESTIONNAIRE. — 1. Où est située la France? — Quel nom les Romains lui avaient-ils donné? — Quelles sont les limites naturelles de la France au N. et à l'O.?—Quelles sont-elles au S. et à l'E., et dans les points intermédiaires? — Comment ont été établies les limites politiques de la France? — Quelles sont-elles au N., à l'O. et au S.? — Quelles sont-elles à l'E. et au N. E. ? — Quelle différence existe-t-il entre les limites naturelles et les limites politiques de la France? — 2. Quelle est la position astronomique de la France? — 3. Quelle forme a le territoire français? — Quelle est sa superficie en kilomètres carrés? — Quelle est la plus grande longueur de la France? — Quelle est sa plus grande largeur? — Quelle est l'étendue de ses côtes? — Quel développement ont les frontières continentales? — 4. Décrivez les aspects divers des côtes de l'Océan du N. au S. — Qu'entendez-vous par dunes, falaises, galets? — Faites connaître la configuration des rivages de la Méditerranée? — Quelle partie des côtes de la Méditerranée est remarquable entre toutes les autres et par quelle raison? — 5. Quelles sont les mers qui baignent les rivages de la France? — Quelles sont les îles qui dépendent de la France dans la Méditerranée? — Quelles sont celles situées dans l'Océan? — Quels sont les détroits formés par les mers qui baignent la France? — Quels sont les principaux golfes formés sur les côtes de France par l'Océan? — Quels sont ceux formés par la Méditerranée? — Nommez les lagunes formées par la Méditerranée? — Quels sont les principaux caps que l'on remarque sur les côtes de France? — Quelles péninsules y sont rattachées? — Quelle est celle de ces péninsules qui a acquis pendant les guerres de la Révolution une triste célébrité?

CHAPITRE DEUXIÈME.

MONTAGNES.

SOMMAIRE.

6. Les montagnes, selon qu'elles sont rocheuses, volcaniques, boisées ou cultivées, exercent une grande influence sur la température et les diverses qualités du sol.

7. Les montagnes qui appartiennent à la France se divisent en montagnes de premier ordre qui servent de limites au pays, et montagnes de second ordre situées à l'intérieur. — Les principales sont : les Alpes Cottiennes et Maritimes, entre la France et l'Italie ; elles ont pour sommets les plus élevés : les monts Pelvoux, Viso, Genèvre et Ventoux. — Le Jura, entre la France et la Suisse, a pour sommet principal : la Dôle. — Les Pyrénées, entre la France et l'Espagne, où l'on remarque les monts Posets, Marboré, Pic du Midi. — Les Cévennes se détachent des Pyrénées pour remonter vers le Nord ; les principales sont : le mont Mézenc, la Lozère. — Les monts d'Auvergne au N. O. des Cévennes, dont les sommets sont le Cantal, le mont Dore, le Puy-de-Dôme. — Les monts du Vivarais, du Lyonnais, du Charolais, de la Côte-d'Or, au N. des Cévennes. — Les Vosges, au N. E. de la France, se prolongent à l'O. par les Ardennes : on y remarque le Ballon d'Alsace. — Le Monte-Rotondo est le principal mont de la Corse.

8. Le bassin de la Garonne est compris entre les Pyrénées, les Cévennes, les monts d'Auvergne ; celui du Rhône entre les Cévennes, et leurs prolongements, les Alpes et le Jura ; celui du Rhin est marqué par les Vosges ; celui de la Seine par les Vosges, la Côte-d'Or ; celui de la Loire par les monts du Charolais, du Lyonnais, etc.

9. La ligne générale de partage des eaux de l'Europe traverse la France du N. E. au S. O. en se dirigeant du Jura et des Vosges aux Cévennes et aux Pyrénées.

6. Montagnes. — Les montagnes sont ces élévations qui apparaissent à la surface de la terre soit isolées, soit en chaînes plus ou moins prolongées. Elles exercent une influence considérable sur la condition physique du globe, en modifiant les climats, l'état de l'atmosphère et les qualités de terrains qui les avoisinent; sur sa situation politique en déterminant les plus naturelles de toutes les frontières par la séparation qu'elles établissent entre les diverses contrées.

Les montagnes offrent, d'ailleurs, et la France en fournit de nombreux exemples, les plus grandes différences dans leur nature et leur configuration. Tantôt ce sont d'immenses rochers abruptes et granitiques, comme certains pics des Alpes et des Pyrénées; tantôt des masses calcaires, comme le Jura; tantôt des soulèvements volcaniques, comme les montagnes d'Auvergne; tantôt des croupes arrondies et couvertes jusqu'à leur extrémité de vastes forêts, comme les ballons des Vosges; tantôt enfin, des coteaux fertiles et cultivés, comme les monts de la Côte-d'Or.

Certaines montagnes, en abritant les contrées voisines, leur procurent une température douce et régulière; d'autres, en leur voilant les rayons du soleil et en les exposant aux vents qui se déchaînent dans leurs gorges, font régner à l'alentour un climat rigoureux; toutes, du reste, servent à fertiliser les campagnes en recueillant sur leurs sommets les eaux que le ciel y fait tomber en abondance pour les verser ensuite sur leurs pentes et les distribuer entre les vallées qui les entourent.

7. Direction, altitude. — Les montagnes qui appartiennent à la France se divisent en deux ordres : les montagnes de premier ordre, qui forment les limites du pays, et les montagnes de second ordre, qui se détachent des premières. Elles divisent le pays en versants (chapitre III, n° 10) et en bassins que nous énumérerons ci-après (n° 8).

Les Alpes, les plus hautes montagnes de l'Europe, séparent la France de l'Italie (n° 1). Une très-petite partie seulement de cette immense chaîne est française, c'est celle désignée sous le nom d'*Alpes Cottiennes* et d'*Alpes Maritimes*. Les Alpes Cottiennes courent en demi-cercle du N. au S. Les Alpes Maritimes s'arrondissent également, mais dans le sens inverse, du N. au S. E. Les plus hauts sommets français de cette chaîne sont les monts *Pelvoux* (4300 mètres), *Viso* (3836 mètres), *Genèvre* (3592 mètres), *Tabor* (3172 mètres), sur la frontière, et le mont *Ventoux* (1909 mètres), plus au S. O., dans le département de Vaucluse.

La chaîne du Jura, qui forme une partie de la limite orientale de la France (n° 1), court du S. O. au N. E. Sa largeur est d'environ 60 kilomètres ; son sommet le plus élevé situé en France est le mont *Dôle* (1682 mètres).

La chaîne des Pyrénées sépare la France de l'Espagne (n° 1) ; c'est une des principales de l'Europe ; elle court de l'O. N. O. au S. E., depuis le golfe de Gascogne jusqu'à la Méditerranée, sur une longueur de 360 kilomètres et sur une largeur qui atteint quelquefois 120 kilomètres. Les sommets les plus célèbres appartenant à la France sont de l'O. à l'E. : le *pic du Midi* (2877 mètres), les *tours du Marboré* (3037 mètres), le mont *Posets* (3437 mètres) et le *Canigou* (2786 mètres).

Outre ces trois chaînes frontières, on trouve encore, dans l'intérieur de la France, trois autres chaînes remarquables, qui limitent en partie les bassins des divers fleuves qui l'arrosent : ces trois chaînes sont les suivantes :

Les Cévennes, qui se rattachent aux Pyrénées entre les sources de l'Aude et de l'Ariége, séparent ainsi les eaux qui se rendent dans la Gironde de celles qui s'écoulent dans le golfe du Lion et dans le Rhône ; elles courent d'abord du S. au N. E., puis se redressent vers le N. dans les environs de Lyon. Leur plus haut sommet est le mont *Mézenc* (1774 mètres), sur les limites des départements de l'Ardèche et de la Haute-Loire ; nommons encore le *Gerbier des Joncs*, plus au S. O. (1562 mètres). — La *Lozère* (1490 mètres), qui donne son nom à un département, est la plus haute montagne d'une petite chaîne qui fait partie de celle des Cévennes, qu'elle rattache à la suivante, savoir :

Les MONTS D'AUVERGNE, au N. O. des Cévennes. Cette chaîne, qui, avec celle de la Lozère au S. E. et avec celle des *Montagnes du Limousin* à l'O., sépare les eaux qui alimentent la Gironde de celles qui coulent vers la Loire, se dirige d'abord vers l'O., puis se redresse vers le N., et enfin s'infléchit au N. O. Elle offre plusieurs sommets remarquables : — Le *Plomb du Cantal* (1858 mètres), le *Puy-de-Sancy*, sommet du *Mont-Dore*, renommé pour ses eaux minérales (1879 mètres), et le *Puy-de-Dôme*, célèbre par les premières expériences barométriques (1476 mètres) ; la première et la dernière de ces montagnes donnent leurs noms à deux départements.

Une autre petite chaîne, qui se prolonge du S. au N. depuis les Cévennes jusqu'au plateau de Langres (n° 11 4°), sous les noms de montagnes du *Vivarais*, du *Lyonnais*, du *Charolais* et de la *Côte-d'Or*, si célèbre par ses vins exquis, sépare les eaux qui coulent vers le Rhône de celles de la Loire et de la Seine.

Les VOSGES enfin, la plus septentrionale des chaînes de la France, se dirigent du S. O. au N. E. Après avoir séparé au S. les eaux du Rhône de celles du Rhin, cette chaîne se partage en plusieurs rameaux, dont le principal sépare les affluents du Rhin de ceux de la Moselle, tandis que l'autre, limitant à l'O. et à l'E. les pays dont les eaux sont tributaires de la Meuse, se prolonge par les montagnes d'*Argonne* et celles de la forêt des *Ardennes* jusqu'à la limite septentrionale de la France. Le *Ballon d'Alsace* (1429 mètres), dans le rameau oriental, est le sommet le plus élevé de cette chaîne.

Nommons encore les montagnes de l'île de *Corse*, qui couvrent une grande partie de cette île, et dont le plus haut sommet est le *Monte-Rotondo*, haut de 2672 mètres, à peu près au centre de l'île.

8. Bassins que dessinent les montagnes. — Les indications que l'on vient de présenter permettent de déterminer les divers bassins que les montagnes dessinent sur le sol de notre patrie, et que nous nous bornons à signaler ici, nous réservant d'y revenir plus loin (chap. III, n° 10). Les Pyrénées au S., les monts Cévennes à l'E., les monts d'Auvergne et du Limousin au N., entourent le bassin de la Gironde, séparé du bassin secondaire de l'Adour par une ramification des Pyrénées. Les Cévennes, les monts du Vivarais, du Lyonnais, du Charolais et de la Côte-d'Or à l'O., le Jura et les Alpes à l'E., délimitent le bassin de la Saône et du Rhône. Les Vosges marquent à l'E. le bassin du Rhin ; à l'O. celui de la Moselle. Les monts d'Argonne, les Vosges, la Côte-d'Or déterminent le bassin de la Seine, que des plateaux élevés séparent au N. du bassin de la Somme, au midi, de celui de la Loire (n° 11). Les monts du Charolais, du Lyonnais séparent le bassin de la Loire de celui du Rhône, et les monts d'Auvergne et du Limousin distinguent ce même bassin de celui de la Gironde. Ces dernières montagnes limitent le petit bassin de la Charente.

9. Ligne générale de partage des eaux. — On appelle ligne de partage des eaux une ligne qui, traversant un continent, une contrée, ou même une île, n'est jamais coupée par aucun cours d'eau, et voit au contraire toutes les rivières qu'elle sépare s'écouler par des bassins différents et dans des directions opposées. La France est elle-même traversée par la grande ligne de partage des eaux de l'Europe. Cette ligne pénètre en France à l'O. par les monts Jura; elle suit les Vosges, traverse le plateau de Langres, point central du partage de toutes les eaux de France (voir ci-après, chap. III), suit la Côte-d'Or et les Cévennes, et vient avec elles joindre les Pyrénées au *pic de Corlitte* par le rameau des Corbières. Les bassins du Rhin, de la Moselle, de la Seine, de la Loire, de la Gironde, sont d'un côté de cette ligne; celui du Rhône et de la Saône de l'autre côté; mais aucun de ces cours d'eau ne la franchit.

QUESTIONNAIRE. — 6. Qu'entend-on par montagnes? — Quelles sont leurs différentes espèces? — Quelle est l'influence des montagnes à divers points de vue? — 7. Comment classe-t-on les montagnes qui appartiennent à la France? — Quelles sont les montagnes qui servent de limites à la France? — Quelles sont les divisions des Alpes qui limitent la France? — Quelle est la direction de ces montagnes, et quels sont leurs sommets les plus élevés? — Quelle est la direction du Jura, et quel est son plus haut sommet en France? — Quelle est l'importance de la chaîne des Pyrénées? — Quelle est sa direction et quels sont ses pics les plus élevés? — Quelles sont les autres chaînes de l'intérieur de la France? — Quelle est la direction des Cévennes et quels sont leurs sommets les plus remarquables? — Faites connaître la petite chaîne qui se détache des Cévennes. — Quelles montagnes s'élèvent entre la Gironde et la Loire? — Quelle est la direction des monts d'Auvergne, et quels sont leurs sommets remarquables? — Quelles petites chaînes se trouvent entre le Rhône d'un côté, la Seine et la Loire de l'autre? — Quels cours d'eau sont séparés par la chaîne des Vosges? — Quelle est sa direction, quels sont ses sommets remarquables, et à quelles chaînes secondaires donne-t-elle naissance? — Nommez la plus importante montagne de la Corse? — 8. Nommez les différents bassins de la France, et dites par quelles montagnes ils sont séparés les uns des autres? — 9. Qu'est-ce que la ligne de partage des eaux? — Par quoi est-elle caractérisée? — Par où passe en France la ligne générale de partage des eaux de l'Europe?

CHAPITRE TROISIÈME.

GRANDES RÉGIONS PHYSIQUES DE LA FRANCE.

SOMMAIRE.

10. La France, à partir du plateau de Langres, est partagée en trois régions ou versants inclinés chacun vers une mer dans chacune desquelles se déversent, en s'écoulant dans trois sens différents, les eaux qui arrosent son sol. Ces versants se divisent ainsi qu'il suit, en bassins fluviaux ou portions de territoire écoulant leurs eaux dans un même fleuve : 1° versant de la mer du Nord, divisé en trois bassins ; 2° versant de l'Océan, divisé en onze bassins ; 3° versant de la Méditerranée, divisé en six bassins.

11. Les plaines sont de grandes étendues de terrain sans fortes élévations ni dépressions. Les principales sont : celles de la Lorraine, de l'Alsace et le commencement de celle des Pays-Bas (versant Nord) ; celle de la Champagne en partie stérile ; celle de la Brie et de la Beauce, très-fertiles ; la vallée d'Auge et le Cotentin, en Normandie ; la Touraine ; la Vendée, l'Aunis et la Saintonge ; les Landes (versant de l'Océan) ; — les plaines de la Bourgogne, celle de la Crau (versant de la Méditerranée). — Il faut ajouter les plateaux de Langres, de l'Armorique, d'Orléans et de Saint-Quentin.

10. DIVISION DE LA FRANCE EN GRANDES RÉGIONS PHYSIQUES. — On divise la France en grandes régions physiques qui varient suivant la base sur laquelle repose cette division. Nous verrons plus loin les divisions que la géologie (n° 31), que l'agriculture (n° 43) ont établies d'après la nature du sol, ses caractères scientifiques et ses aptitudes productives ; les géographes ont reconnu également diverses grandes régions qui se distinguent par leur configuration, et par l'action exercée sur le cours d'eaux par les montagnes et par les pentes du terrain.

C'est cette division qui doit nous occuper ici.

Si l'on fixe avec attention ses regards sur une carte de la France, on remarquera, dans la partie N. E. de ce pays, un point d'où l'on voit partir à la fois des rivières qui se jettent dans les trois mers qui entourent la France, savoir : la *Meuse*, qui se rend dans la *mer du Nord*, puis la *Marne*, dont les eaux tombent dans la *Seine*, qui les porte dans l'*océan Atlantique* ; enfin la *Saône*, qui va au S. se joindre au *Rhône*, qui s'écoule lui-même dans la *Méditerranée*. La contrée élevée qui envoie ainsi ses eaux dans les trois mers, est le *plateau de Langres* (voir n° suivant), qui doit être considéré, par conséquent, comme placé sur la limite des *trois grands versants* ou *bassins maritimes*, entre lesquels se répartissent les eaux de tous les fleuves et rivières qui arrosent la France.

La plus grande partie de ces eaux tombe à l'O. dans l'*Océan Atlantique* et dans la *Manche*, qui n'est qu'une des parties de ce même océan ; — une autre portion des eaux de la France s'écoule au S. dans la *Méditerranée* ; — une troisième portion enfin, et la moins considérable des trois, sort du territoire français par la frontière septentrionale, et va se rendre dans la *mer du Nord*. Or, l'écoulement des eaux étant, comme on n'en saurait douter, une conséquence de la pente du terrain, il faut en conclure que des trois grandes pentes ou des trois grands versants entre lesquels se partage le sol de la France, l'un est dirigé vers le N., l'autre vers le S., et le troisième, qui est de beaucoup le plus considérable, vers l'O. Remarquons encore que la plus grande partie du cours des fleuves et des rivières de ce dernier versant se trouve dans une direction N. O. plutôt que N., et concluons-en que la pente générale de ces bassins est elle-même vers le N. O.

Chaque mer recevant ordinairement plusieurs fleuves, son

versant ou bassin se subdivise en *bassins fluviaux*, formés eux-mêmes, comme on l'a vu (n° 8), de toute l'étendue des terres dont les eaux s'écoulent directement dans le lit de ces fleuves ou leur sont apportées par leurs *affluents*. — On appelle *bassins côtiers* ceux des rivières qui se jettent directement dans la mer, mais qui, ayant un cours peu considérable, n'embrassent dans leurs bassins que des pays voisins des côtes de la mer.

1° *Versant de la mer du Nord*. — La partie de la France appartenant au versant de la mer du Nord se compose des portions N. E. et N. de ce pays. Ce versant est borné au S. E. par une chaîne de montagnes assez élevées qui joint en quelque sorte celle du Jura à celle des Vosges et sépare le versant de la mer du Nord de celui de la Méditerranée, Cette limite se continue ensuite à l'O. par un rameau des Vosges jusqu'au plateau de Langres, à partir duquel la limite entre le versant de la mer du Nord et celui de l'océan Atlantique est formée par un autre rameau des Vosges et par les collines des Ardennes, qui se prolongent vers le N. O. jusqu'à la frontière de France, où cette chaîne de collines tourne d'abord à l'O., puis vers le N. O., et va se terminer au cap Gris-Nez, sur le détroit du Pas-de-Calais.

Le versant de la mer du Nord comprend en France : 1° le bassin du *Rhin* avec celui de la *Moselle*, son affluent ; 2° le bassin de la *Meuse*, qui, avec les précédents, comprend tout le N. E. de la France ; 3° le bassin côtier de l'*Escaut*, auquel appartient la plus grande partie du N. de la France.

2° *Versant de l'océan Atlantique*. — Le versant de l'océan Atlantique comprend toute la partie centrale et occidentale de la France. Nous avons donné ses limites au N. et au N. E., en indiquant les limites méridionales du versant de la mer du Nord : à l'E. il est borné par la chaîne de collines qui du plateau de Langres va au S. joindre les Cévennes, avec lesquelles elles séparent ce versant de celui de la Méditerranée. La limite méridionale, enfin, est formée par la grande chaîne des Pyrénées.

Ce vaste bassin maritime comprend, du N. au S., les onze bassins suivants, savoir : 1° le bassin côtier de la *Somme*; 2° le grand bassin de la *Seine*; 3°, 4°, 5° et 6° les bassins côtiers de l'*Orne*, de la *Vire*, de la *Vilaine* et de la péninsule de *Bretagne*; 7° le grand bassin de la *Loire*; 8° et 9° les bassins côtiers de la *Sèvre Niortaise* et de la *Charente*; 10° le grand bassin de la *Gironde*; 11° enfin, le bassin côtier de l'*Adour*.

3° *Versant de la Méditerranée*. — La partie française du versant de la Méditerranée se compose de toute la partie S. E. de la France, limitée à l'O. par la chaîne des Cévennes, qui se rattache aux Pyrénées, et par les diverses chaînes de collines qui relient cette même chaîne des Cévennes au plateau de Langres, au N. par ce plateau et par les Vosges, qui les séparent du versant de la mer du Nord, et à l'E. par le Jura et par les Alpes.

Ce versant comprend en France : — 1°, 2° et 3° les bassins côtiers de la *Tet*, de l'*Aude* et de l'*Hérault*; — 4° toute la partie moyenne et inférieure du grand bassin du *Rhône*, dont la partie supérieure appartient à la Suisse; — 5° le bassin côtier du *Var*; — 6° enfin, les divers bassins côtiers entre lesquels se divise la surface de l'île de *Corse*, située hors du continent français, mais dans cette même mer Méditerranée.

11. Plaines les plus remarquables. — Chacun des trois versants entre lesquels se partage la France forme une contrée plus ou moins accidentée, suivant que les hauteurs qui séparent les bassins dont se compose ce versant sont plus ou moins considérables. Chaque bassin renferme des espaces qui n'offrent ni élévations ni dépressions importantes et qui ont reçu le nom de *plaines*. Les plaines les plus remarquables sont :

1° *Plaines du versant de la mer du Nord*. Dans le versant du N. nous trouvons la plaine de la *Lorraine*, qui suit le cours de la Moselle ; la plaine de l'*Alsace*, à l'E. de la dernière, entre les Vosges et le Rhin. Au N. O. des deux dernières et au N. de la France commencent les vastes plaines nommées *Pays-Bas*, célèbres par tant de guerres.

2° *Plaines du versant de l'Océan*. — Les principales plaines du versant de l'Océan sont : les plaines de la *Picardie*, arrosées par la Somme ; dans le bassin de la Seine, les plaines de la *Champagne*, à l'E., dont une partie, renommée par son aridité, a reçu le nom de *Champagne pouilleuse*. C'est là que se livra, non loin de Châlons, la bataille des *Champs Catalauniques*, où Attila fut, en 451, défait par les Francs, unis aux Romains et aux autres peuplades de la Gaule. Nommons ensuite : à l'O. de la Champagne, la *Brie*, célèbre par sa fertilité ; au S. du bassin de la Seine, la *Beauce*, que sa fécondité a rendue le grenier de Paris ; dans les bassins côtiers de l'Orne et de la Vire, les *prairies* de la Normandie, dont les plus riches sont situées dans la *vallée d'Auge* et dans le *Cotentin*.

Le bassin de la Loire et de ses affluents offre également un vaste espace peu accidenté, connu sous le nom de *vallée de la Loire*, et dont une partie, la *Touraine*, est nommée le jardin de la France, à cause de sa beauté et de sa richesse.

Au S. de l'embouchure de la Loire se trouvent les plaines de la *Vendée*, de l'*Aunis* et de la *Saintonge* ; elles deviennent marécageuses près de la côte, à cause du peu de pente des terres, qui ne permet pas l'écoulement des eaux. Ensuite, de l'embouchure de la Gironde à celle de l'Adour, s'étendent, le long du golfe de Gascogne, les plaines incultes et souvent inondées connues sous le nom de *Landes*. Derrière les Landes, dans le bassin de la Gironde, sur les rives de ce fleuve et sur celles de la Dordogne, s'étendent de larges plaines, dont une, assez vaste, est située entre ces deux rivières, et se termine à leur confluent, au bec d'Ambez.

3° *Plaines du versant de la Méditerranée.* Au S., depuis les Pyrénées jusqu'à l'embouchure du Rhône, les montagnes ne s'éloignent pas assez de la côte pour qu'il puisse exister de plaines remarquables ; les rivages, marécageux, sont bordés de vastes lagunes.

Dans le bassin du Rhône on trouve la plaine de la *Bourgogne*, et vers l'embouchure de ce fleuve, la plaine de la *Crau*, couverte de cailloux, renommée par les mirages qui s'y produisent comme dans les déserts de l'Afrique.

4° *Plateaux.* Aux plaines que nous avons énumérées il faut ajouter les *plateaux* ou plaines dont le caractère particulier est d'être élevées au-dessus des contrées environnantes. Les plus célèbres en France sont : 1° le plateau de *Langres*, qui, ainsi que nous l'avons dit, est le point central de la ligne de partage des eaux ; 2° le plateau de l'*Armorique*, qui forme à l'O. la presqu'île de Bretagne ; 3° le plateau d'*Orléans*, entre le bassin de la Seine et celui de la Loire ; 4° le plateau de *Saint-Quentin*, qui sépare le bassin de la Seine et le versant de l'Océan du versant de la mer du Nord.

QUESTIONNAIRE. — 10. En combien de grandes régions physiques se divise la France ? — Quel nom a reçu chacun des versants ? — Comment se divise chaque versant ? — Qu'est-ce qu'un bassin côtier ? — 1° Quelles sont les limites du versant de la mer du Nord ? — Combien ce versant comprend-il de bassins et quels sont-ils ? — 2° Quelles sont les limites du versant de l'océan Atlantique ? — Combien comprend-il de grands bassins ? Quels sont les bassins côtiers de ce versant ? —

3° Quelles sont les limites du versant de la Méditerranée ? — Combien y compte-t-on de bassins et quels sont-ils ? — 11. Que nomme-t-on une plaine ? — 1° Quelles plaines renferme le versant du Nord ? 2° Quelles plaines compte le versant de l'Océan dans le bassin de la Somme et dans celui de la Seine ? — Quelles plaines font partie du bassin de la Loire ? — Quelles sont les plaines situées au sud de l'embouchure de la Loire ? — Quel nom a été donné au pays situé sur la côte du golfe de Gascogne ? — Quelles plaines renferme le bassin de la Gironde ? — Quelles sont les plaines du versant de la Méditerranée ? — Que nomme-t-on plateau ? — Quels sont les plateaux les plus remarquables de France ?

CHAPITRE QUATRIÈME.

FLEUVES ET RIVIÈRES.

SOMMAIRE.

12. Sur cinq mille cours d'eau environ on compte cinq fleuves, trente-huit grandes rivières, treize petits fleuves ou rivières se jetant directement dans la mer, distribués entre les versants.
13. Dans le versant de la mer du Nord on remarque le Rhin, grossi de l'Ill et de la Lauter; — la Moselle avec la Meurthe; — la Meuse; — l'Escaut.
14. La Manche reçoit la Seine avec l'Yonne et l'Eure sur la rive gauche, l'Aube, la Marne, l'Oise, grossie de l'Aisne, sur la rive droite; — la Somme; — l'Orne; — la Vire; — la Rance.
15. Dans l'océan Atlantique et le golfe de Gascogne se jettent : la Loire recevant sur sa rive gauche l'Allier, le Loiret, le Cher, l'Indre, la Vienne avec la Creuse, la Sèvre Nantaise; et sur la rive droite la Nièvre et la Maine (Mayenne, Sarthe et Loir réunis); — la Vilaine; — la Sèvre Niortaise; — la Charente; — la Garonne; appelée Gironde depuis sa réunion avec la Dordogne, et recevant sur la rive gauche le Gers, sur la droite de l'Ariége, le Tarn avec l'Aveyron ; le Lot ; l'Adour.

12. FLEUVES ET RIVIÈRES DISTRIBUÉS PAR VERSANTS. — La France est arrosée par 5000 cours d'eau environ, entre lesquels on distingue cinq grands fleuves, qui reçoivent 38 rivières principales, plus 13 autres rivières qui se rendent directement dans les trois mers qui entourent ce pays, mais sans être assez considérables pour mériter le nom de fleuves, et qui forment, ainsi que nous l'avons dit plus haut (n° 10), ces petits bassins nommés à cause de leur situation bassins côtiers.

Les eaux de ces fleuves et rivières, entraînées par la pente du terrain, et suivant tous dans la même grande région physique une direction analogue, sont classés naturellement d'après les versants auxquels ils appartiennent, comme nous l'avons indiqué au chapitre précédent en énumérant les versants eux-mêmes (n° 10).

13. COURS D'EAU TRIBUTAIRES DE LA MER DU NORD. — Le versant Nord se divise en trois bassins, un grand bassin et deux bassins côtiers. Le grand bassin est celui du Rhin. Ce fleuve prend sa source dans les Alpes, traverse le lac de Constance avant de venir, coulant du S. au N., servir de limite orientale à la France dans la partie moyenne de son cours. Il reçoit sur sa rive gauche, la seule qui appartienne à la France, l'*Ill et la Lauter*; la Moselle, grossie de la *Meurthe* et de la *Sarre*, va rejoindre ce fleuve après qu'il a cessé de toucher à la France.

Les deux bassins côtiers sont : 1° celui de la *Meuse*, et 2° celui de l'*Escaut*, qui n'ont en France que la partie supérieure de leur cours, et vont porter leurs eaux en Hollande où les embouchures de la Meuse se mêlent à celles du Rhin, dont on la considère quelquefois comme un affluent.

14. COURS D'EAU TRIBUTAIRES DE LA MANCHE. — La Manche reçoit les eaux d'un grand bassin et de quatre bassins côtiers. Le grand bassin est celui de la *Seine*. Ce fleuve prend sa source dans les collines de la *Côte-d'Or*; il coule de l'E. à l'O., et reçoit cinq rivières principales, deux sur sa rive gauche, l'*Yonne* et l'*Eure*, et trois sur sa rive droite, l'*Aube*, la *Marne* et l'*Oise*, grossie de l'*Aisne*. Les trois bassins côtiers sont : 1° celui de la *Somme*, qui se jette dans la Manche au N. de l'embouchure de la Seine, après avoir coulé de l'E. à l'O. ; 2° celui de l'*Orne*, et 3° celui de la *Vire*, qui coulent du S. au N. et se jettent tous deux dans la Manche, au S. O. de l'embouchure de la Seine.

On doit encore mentionner, 4° le bassin de la *Rance*, la plus importante des rivières qui arrosent la partie septentrionale de la péninsule de Bretagne.

15. Cours d'eau tributaires du golfe de Gascogne. — L'océan Atlantique et le golfe de Gascogne reçoivent les eaux de deux grands bassins et de quatre bassins côtiers.

Les deux grands bassins sont : 1° celui de la Loire ; 2° celui de la Gironde.

La *Loire* prend sa source au Gerbier des Joncs, dans les Cévennes (n° 7). Elle coule d'abord du S. au N., puis de l'E. à l'O. Elle reçoit huit rivières, savoir : six sur sa rive gauche, qui sont : l'*Allier*, le *Loiret*, le *Cher*, l'*Indre*, la *Vienne* grossie de la *Creuse*, la *Sèvre Nantaise* ; et deux sur sa rive droite : la *Nièvre* et la *Maine* formée de la *Mayenne* et de la *Sarthe* grossie du *Loir*.

Les bassins côtiers qui appartiennent à l'Océan sont au nombre de trois, savoir : 1° celui de la *Vilaine*, qui coule du N. E. au S. O. ; 2° celui de la *Sèvre Niortaise*, qui coule de l'E. à l'O. et reçoit la *Vendée* ; 3° celui de la *Charente*, rivière tortueuse qui coule d'abord vers le N. O., puis vers le S., et enfin vers l'O.

La *Gironde* prend, sous le nom de *Garonne*, sa source dans les Pyrénées espagnoles au Val d'Arran ; elle coule du S. au N. O. en faisant quelques détours vers le N. E. ; elle ne reçoit le nom de *Gironde* qu'après sa réunion avec la *Dordogne* au *bec d'Ambez*. Ce fleuve reçoit cinq rivières, savoir : une sur sa rive gauche : le *Gers* ; et quatre sur sa rive droite : l'*Ariége*, le *Tarn* grossi de l'*Aveyron*, le *Lot*, la *Dordogne* grossie de la *Vezère* augmentée elle-même de la *Corrèze*.

Le bassin côtier, tributaire du golfe de Gascogne, est

celui de l'*Adour*. Ce fleuve, après avoir coulé du S. au N., décrit un demi-cercle pour se rendre vers l'O. Il reçoit sur sa rive droite la *Midouze*, formée de la *Douze* et de la *Midou*, et sur sa rive gauche plusieurs torrents sortis des Pyrénées.

Parmi les rivières qui se rendent dans le golfe de Gascogne, on peut encore citer la *Bidassoa*, qui, pendant une partie de son cours, sert de limite entre la France et l'Espagne.

QUESTIONNAIRE. — 12. Combien la France possède-t-elle de cours d'eau et combien compte-t-elle de fleuves et de rivières principales ? — 13. Quels sont les cours d'eau tributaires de la mer du Nord ? — Où le Rhin prend-il sa source ? et quelle est la direction de son cours ?— Dans quelle partie sert-il de limite à la France et quelles rivières reçoit-il ? — Quels sont les bassins côtiers du versant de la mer du Nord ? — 14. Quels sont les bassins tributaires de la Manche ? — Où la Seine prend-elle sa source et quelle est la direction de son cours ? — Quelles rivières reçoit-elle par chacune de ses rives ? — Quelles rivières forment les bassins secondaires tributaires de la Manche, et quelle est leur direction ? — 15. Quels sont les cours d'eau tributaires de l'Océan et du golfe de Gascogne? — Où la Loire prend-elle sa source et quelle est la direction de son cours ? — Combien reçoit-elle de rivières par chacune de ses rives, et quelles sont ces rivières ? — Quelles sont les rivières formant les bassins côtiers de l'océan Atlantique, et quel est le cours de ces rivières ? — Où et sous quel nom la Gironde prend-elle sa source ? — Quelle est la direction de son cours ? — Quelles sont les rivières que la Gironde reçoit par chacune de ses rives? — Quelle rivière forme le bassin côtier tributaire du golfe de Gascogne, et quel est son cours ? — Quelle rivière forme la limite de la France et de l'Espagne ?

FLEUVES ET RIVIÈRES.

CHAPITRE CINQUIÈME.

FLEUVES ET RIVIÈRES.

(Suite.)

SOMMAIRE.

16. La Méditerranée reçoit le Rhône grossi sur sa rive gauche de l'Isère, de la Drôme et de la Durance, et sur sa rive droite de l'Ain, de la Saône avec le Doubs, de l'Ardèche et du Gard ; — le Tet ; — l'Aude ; — l'Hérault ; — le Var.

17. La Loire est le plus grand fleuve de France (1126 kilomètres); puis la Seine, la Garonne et Gironde ; enfin la partie française du Rhône et celle du Rhin. — La Saône et la Dordogne sont les plus longues des rivières (500 kil.) ; puis la Marne, le Lot, l'Allier, la Charente (400 kil.), l'Adour, la Somme, la Vilaine, l'Aude.

18. Le débit de ces fleuves varie avec les saisons et élève plus ou moins les eaux au-dessus de l'étiage ou niveau des plus basses eaux ; le débit de la Seine varie de 75 mètres cubes à 1,100. Celui du Rhône de 300 à 10,000, etc.

19. Le régime des eaux dépend de la pente des fleuves et du resserrement plus ou moins grand des rives. Le cours de la Seine est généralement le plus lent ; celui du Rhône le plus rapide, il atteint 9 kilomètres par heure.

20. La Loire, tantôt presque à sec, tantôt très-grosse, charrie des sables qui comblent son lit dépourvu d'encaissement, d'où résultent de fréquents et désastreux débordements, contenus avec peine par des digues ou levées.

21. Le Rhône est sujet à de brusques débordements, par suite du peu d'encaissement de son lit et surtout des fontes de neiges dans les montagnes où il a sa source ou des pluies dans la vallée de la Saône.

22. Des bancs ou hauts fonds appelés barres, formés par les sables que charrient les fleuves et que repousse la mer, opposent des obstacles à la navigation, notamment à l'embouchure de la Seine et du Rhône, où on les combat par des travaux d'endiguement.

16. Cours d'eau tributaires de la Méditerranée.
— La Méditerranée reçoit les eaux d'un grand bassin et de quatre bassins côtiers. Le grand bassin est celui du Rhône. Ce fleuve prend sa source en Suisse, dans les Alpes, près du mont Saint-Gothard ; il traverse le lac de Genève, coule du N. au S., servant ainsi de limite à la France pendant quelque temps, puis se redresse vers le N. O., et enfin se dirige vers le S. pendant la plus importante partie de son cours. Il reçoit sept rivières : trois sur la rive gauche : l'*Isère*, la *Drôme* et la *Durance*, et quatre sur la rive droite : l'*Ain*, la *Saône*, grossie du *Doubs*, l'*Ardèche* et le *Gard*.

Les bassins côtiers sont : 1° celui de la *Tet*, qui coule de l'O. à l'E. ; 2° celui de l'*Aude*, qui s'avance d'abord vers le N., puis tourne brusquement vers l'E. ; 3° celui de l'*Hérault*, qui descend du N. au S. Ces trois bassins sont enclavés entre ceux de la Gironde et du Rhône, et versent leurs eaux dans la partie de la Méditerranée appelée golfe du Lion. Le quatrième bassin est celui du *Var*; ce petit fleuve sert à l'E. de limite à la France dans son cours du N. au S.

L'île de Corse, située au milieu de la Méditerranée, et dont toutes les eaux sont par conséquent tributaires de cette mer, est séparée en deux versants par une chaîne de montagnes qui la traverse dans sa longueur. Elle ne peut, à cause du peu d'étendue de chacun de ces versants, offrir de fleuve considérable. Les plus importantes des rivières qui l'arrosent sont : le *Golo* et le *Tavignano* sur le versant E., et le *Liamone* sur le versant O.

17. Longueur comparée des principaux fleuves de la France. — Parmi les cinq fleuves qui arrosent la France (n° 12), celui dont le cours est le plus long est la *Loire*, car le *Rhin*, un des fleuves les plus considérables de l'Europe, n'est français que pendant une faible partie de son cours.

Voici l'ordre dans lequel on peut classer les fleuves de la France d'après leur longueur en kilomètres :

1° La Loire . . . . 1,126 kil.
2° La Seine 780
3° La Gironde n'a que 80 kil. de longueur,
    mais avec la Garonne elle a 650
4° Le Rhône a en France 510
5° Le Rhin, long de 1,500 kil. environ, ne
    touche à la France que pendant 221

Parmi les rivières qui se jettent dans ces fleuves, les plus considérables sont : la *Saône*, affluent du Rhône, et la *Dordogne*, affluent de la Gironde, longues d'environ 500 kil.; la *Marne*, affluent de la Seine, longue de 470 kil.; le *Lot*, affluent de la Garonne, long de 430 kil.; l'*Allier*, affluent de la Loire, long de 425 kil.

Les rivières les plus considérables parmi celles qui se rendent directement à la mer sont : la *Charente*, longue de 400 kil.; l'*Adour*, long de 330; puis la *Somme*, qui en compte 230; la *Vilaine*, 220; l'*Aude*, 200 (voir sur ces diverses rivières le n° 15).

18. Débit des principaux fleuves de la France. — Le *débit* d'un fleuve est la quantité d'eau qu'il roule par seconde dans son lit. Comme cette quantité est variable suivant les saisons, on a établi des points fixes qui servent à établir ces comparaisons. Ces points sont obtenus au moyen de l'*étiage* ou niveau des plus basses eaux. Pour déterminer ce niveau, on établit le long des piles des ponts des mesures graduées qui indiquent la hauteur des eaux dans le lit du fleuve. Nous indiquerons le débit des fleuves à l'étiage, et pendant les plus hautes eaux, aux points les plus importants de leur cours.

Le *Rhin* débite au pont de Kehl, vis-à-vis Strasbourg, à

l'étiage, 385 mètres cubes, et 4,700 dans les hautes eaux.

La *Seine* débite à Paris, pendant l'étiage, 75 mètres cubes, et 1,100 pendant les hautes eaux.

La *Loire* débite à Orléans, pendant l'étiage, 80 mètres cubes, et dans la partie inférieure de son cours, elle donne, à Ancenis, 10,000 mètres cubes pendant les hautes eaux.

La *Garonne* débite en moyenne 150 mètres cubes par seconde, à Toulouse ; à Bordeaux, la marée élève ses eaux de 4 à 6 mètres au-dessus de l'étiage ; enfin, lorsque cette rivière prend le nom de *Gironde*, on ne peut plus mesurer que sa largeur, qui varie entre 3 et 14 kilomètres, pour être de 5 kilomètres seulement à son embouchure.

Le *Rhône* débite à l'étiage 300 mètres cubes, après sa réunion avec la Saône ; dans les grandes eaux il en débite jusqu'à 10,000 mètres.

19. RÉGIMES DIFFÉRENTS DE CES FLEUVES. — Les différences d'altitude au-dessus du niveau de la mer qu'atteint le lit d'un fleuve constituent les pentes que doit suivre ce fleuve pour se rendre à la mer, et ce que l'on nomme *le régime de ce fleuve*.

Voici le niveau qu'atteignent les principaux fleuves à leur source et aux points remarquables de leur cours :

Le *Rhin* prend sa source à 2,200 mètres au-dessus de la mer ; son lit suit d'abord une pente rapide qui lui fait descendre près de 2,000 mètres, jusqu'à Bâle, avant de toucher à la France ; son altitude n'est plus que de 245 mètres. Le niveau du lit de ce fleuve descend encore 100 mètres environ pendant le temps qu'il sert de limite à la France.

La rapidité du cours de ce fleuve varie en raison de la pente et du resserrement de son lit ; elle est évaluée en moyenne à 5 kilomètres à l'heure dans la partie navigable.

Elle diminue pourtant dans la partie inférieure du cours de ce fleuve à cause du peu de pente que lui offre son lit.

La *Seine* naît à 435 mètres au-dessus de la mer ; à Troyes, son niveau est descendu à 100 mètres ; à Paris il est à 34 mètres, et à Rouen son lit n'est plus que de 8 mètres au-dessus de la mer. La pente modérée et assez uniforme du lit de la *Seine* rend le cours de ce fleuve généralement lent et paisible.

La *Loire* naît à 1,400 mètres au-dessus de la mer ; à Nevers son lit n'est plus qu'à 170 mètres d'altitude ; il est à 90 mètres à Orléans, et au-dessous d'Ancenis cette altitude est descendue à 30 mètres. Les différences de niveau de ce lit indiquent suffisamment que le cours de ce fleuve doit être assez rapide.

La *Garonne*, lorsqu'elle entre en France, est à 538 mètres au-dessus de la mer ; à Toulouse son altitude est de 146 mètres, à Bordeaux elle est de 15 mètres. La vitesse moyenne de son cours est de 3 à 5 kilomètres par heure.

Le *Rhône*, dont la source est à 1,734 mètres d'altitude au-dessus de la mer, est descendu à 245 mètres lorsqu'il entre en France ; à Lyon cette altitude est de 157 mètres et de 12 à Arles. Le cours de ce fleuve, le plus impétueux de toute l'Europe, atteint entre Lyon et Avignon une vitesse de 6 à 9 kilomètres par heure.

20. Caractère capricieux de la Loire. — La Loire, dont le courant est généralement rapide, est un fleuve capricieux et sujet à de brusques changements. Tantôt, pendant la belle saison, on voit en certains endroits ce grand fleuve, réduit à un faible courant, être facilement franchi à gué et rester à peine navigable pour les bateaux les plus plats et les plus légers. Tantôt, après des pluies abondantes ou à l'époque de la fonte des neiges, il grossit d'une manière menaçante et souvent funeste pour les plaines d'alentour. Les sables que les eaux entraînent et déplacent continuellement encombrant son lit et occasionnant des changements excessivement fréquents, surtout dans la partie supérieure du cours de ce fleuve, on voit tout à coup se changer en bas-fonds des passages facilement praticables quelques heures auparavant. Aussi la navigation de la Loire présente-t-elle des difficultés et des périls tout particuliers. Les amas qui se forment ainsi dans le milieu de son lit l'ont forcée à s'étendre en largeur. Il en résulte que n'étant nullement encaissée, elle est, lors des hautes eaux, sujette à des débordements d'autant plus nuisibles qu'ils répandent non pas, comme certaines rivières, un limon fertile, mais un gravier d'une stérilité extrême, qui rend improductives pendant plusieurs années les terres où il se dépose. Ces débordements étaient plus fréquents alors qu'ils n'avaient été combattus par aucuns travaux d'art ; ils le sont devenus de moins en moins depuis que le fleuve est soumis à un système de digues élevées le long de ses rives sur un parcours qui dépasse aujourd'hui 75 kilomètres, et qu'on nomme la *levée de la Loire*.

21. Débordements du Rhône. — Le Rhône charrie, ainsi que la Loire, une grande quantité de sable, et comme il n'est pas non plus encaissé dans un lit profond, mais généralement contenu dans ses rives en pentes douces, il est également, lors des grosses eaux, sujet à des débordements. Les crues de ce fleuve sont causées par les pluies survenues dans le bassin de la Saône, ou par la fonte brusque des neiges qui couvrent les montagnes, au milieu desquelles le Rhône et ses principaux affluents prennent leur source. Ces désastreux débordements, remarquables surtout par la rapidité avec laquelle montent les eaux, étendent ordinairement leurs ravages sur les contrées situées entre Lyon et la Méditerranée; du reste, la pente du lit du fleuve étant, ainsi que nous l'avons dit plus haut, excessivement rapide, les eaux se retirent aussi vite qu'elles sont venues.

22. BARRES DE LA SEINE ET DU RHÔNE. — La mer, repoussant les sables apportés par les fleuves, contribue souvent à former vers leurs embouchures des bancs ou hauts-fonds qui ont reçu le nom de *barres*, et présentent de sérieux obstacles à la navigation : les bâtiments ne peuvent les franchir qu'en traversant des *passes* que le courant lui-même ouvre à travers les barres et qui varient fréquemment. Les barres les plus remarquables sont celles formées dans la Seine, que de récents travaux d'endiguement paraissent devoir combattre avantageusement, et celles formées dans le Rhône, que l'on a déjà tenté de détruire également par le moyen des endiguements; mais le cours impétueux de ce fleuve n'a pas jusqu'à ce jour permis d'espérer la réussite définitive des travaux entrepris pour rendre ses embouchures navigables. Les deux branches principales entre lesquelles il se sépare pour tomber à la mer se subdivisent en effet elles-mêmes, grâce aux atterrissements accumulés par les eaux, en plusieurs petites branches, dont aucune ne présente les conditions de sécurité nécessaires à la navigation.

On nomme encore *barre* un phénomène maritime auquel est à certains moments soumis le lit de plusieurs fleuves ou rivières. La marée montante refoule les eaux des fleuves, et lorsqu'elle croit violemment, entrant avec force dans le lit qu'elle remplit, elle forme une lame élevée dont le niveau plus considérable que celui des eaux ordinaires, s'avance avec une rapidité que le resserrement des rives rend plus ou moins considérable. La *barre* de la Seine, autrefois très-violente, mais diminuée maintenant par les travaux dont le cours inférieur de ce fleuve a été l'objet, remonte jusqu'à Quillebœuf et quelquefois jusqu'à Rouen. — La Dordogne offre jusqu'à environ 15 kilom. du bec d'Ambez un phénomène analogue qui a reçu le nom de *Mascaret*, la lame d'eau qui monte à quelquefois plus de 2 mètres de haut.

QUESTIONNAIRE. — 16. De combien de bassins la Méditerranée reçoit-elle les eaux? — Quel est le cours du Rhône? — Quels affluents reçoit ce fleuve sur chacune de ses rives? — Quels sont les petits fleuves qui arrosent les quatre bassins côtiers de la Méditerranée, et quelle est la direction de chacun d'eux? — En combien de versants se divise la Corse, et quels sont ses fleuves principaux? — 17. Quel est le plus long de tous les fleuves de la France? — Indiquez la longueur en kilomètres de chacun des cinq principaux fleuves de la France? — Quelles sont les plus considérables rivières affluents des fleuves de la France? — Quelles sont les plus considérables parmi les rivières maritimes? — 18. Que nomme-t-on le débit d'un fleuve? — Par quel moyen constate-t-on le débit d'un fleuve, et qu'est-ce que l'étiage? — Quel est le débit du Rhin à l'étiage et lors des grandes eaux? — Quel est le débit de la Seine? — Quel est le débit de la Loire? — Quel est le débit de la Garonne? — Quelle largeur atteint la Garonne? — Quel est le débit du Rhône? — 19. Que nomme-t-on le régime d'un fleuve? — Quelles sont les diverses causes qui influent sur la rapidité du courant des fleuves? — Quel est le niveau du Rhin aux principaux points de son cours? — Quelle est la vitesse moyenne du courant de ce fleuve? — Faites connaître l'altitude du lit de la Seine, et la nature du courant de ce fleuve. — Quelles sont les différentes altitudes de la Loire, et quelle est la nature de son courant? — Quel est le niveau de la Garonne aux principaux points de son cours, et quelle est la vitesse moyenne des eaux de ce fleuve? — Indiquez les différents niveaux du lit du Rhône, et quelle est la rapidité de son courant. — 20. Quelle est la cause des changements fréquents qu'offre le lit de la Loire? — Faites connaître en quoi consistent principalement ces changements. — Quels en sont les effets relativement à la navigation? — Qu'en résulte-t-il pour les plaines qui environnent le fleuve? — Quel moyen a-t-on employé pour y remédier? — 21. Quelles sont les causes des débordements du Rhône? — Dans quelle partie de son cours se produisent-ils, et quelle est leur durée? — 22. Qu'est-ce qui forme les *barres* aux embouchures des fleuves? — Quelles sont les barres les plus considérables qui existent en France? — Quel obstacle apportent-elles à la navigation? — Quel moyen emploie-t-on pour les détruire? — Que nomme-t-on encore barre? — Quelles sont les pricipales barres?

CHAPITRE SIXIÈME.

EAUX STAGNANTES ET EAUX PLUVIALES. — CLIMAT.

SOMMAIRE.

23. Les eaux stagnantes sont appelées lacs quand elles ont une certaine étendue ; les petits lacs s'appellent étangs, et marais quand ils sont peu profonds et couverts de végétation. La France a les lacs de Grand-Lieu, de Saint-Point, de Gérardmer.
24. Elle possède les grands étangs salés de Carcans, Canau, Biscarosse de Leucate, Sigean, Thau et Berre. Les étangs d'eau douce sont nombreux dans le bassin du Cher, dans les Vosges, surtout dans l'Ain et dans la partie S. E. du bassin du Rhône.
25. Les marais, chaque jour réduits par les dessèchements, couvrent environ 180,000 hectares, surtout vers le littoral de la Loire-Inférieure, de la Charente, des Landes, et aussi vers le Rhin, l'Escaut, l'Aisne et la Saône.
26. Le climat est chaud, froid ou tempéré ; il est habituellement tempéré en France.
27. La température moyenne de la France est de 12 degrés au-dessus de 0. Elle s'est élevée à 40 degrés de chaud à Orange, et abaissée à 28 de froid à Mulhouse. La température varie par suite de l'élévation du terrain et du voisinage des montagnes neigeuses, de la pente générale et de l'exposition du sol, de la nature des vents, du voisinage des grandes mers, de la constitution géologique, du degré de culture du terrain qui, en éclaircissant les forêts, facilite l'action du soleil. — La température la plus froide et la plus inégale est celle du N. E.; celle du N. O. est assez égale ; celle du S. O. est plus douce celle du S. E. est la plus chaude.
28. Le vent S. O. pluvieux est le vent dominant en France; la pluie y est dès lors abondante, mais répartie inégalement ; le S. E. en reçoit le plus, le N. O. le moins.

23. LACS. On appelle *eaux stagnantes*, par opposition

aux eaux courantes, toutes celles qui forment au milieu des terres des amas plus ou moins considérables qui n'ont aucun écoulement apparent ou qui, du moins, ne communiquent avec la mer que par les rivières qui les traversent ou qui en découlent. Ces amas d'eau, ordinairement douce et quelquefois saumâtre, prennent différentes dénominations d'après leur étendue et diverses autres circonstances. — Lorsqu'ils sont considérables, on leur donne le nom de *lac*. — On appelle *étang* un petit lac ordinairement créé par la construction d'une digue qui retient les eaux, et *marais* des eaux tout à fait stagnantes et qui n'ont pas assez de profondeur pour empêcher d'y croître une végétation dont les débris produisent des exhalaisons malsaines.

La France ne possède aucun *lac* d'une grande importance. Les plus considérables sont celui de *Grand-Lieu* au S. de Nantes, long de 10 kilomètres sur 8 de large ; celui de *Saint-Point* dans les montagnes du Jura ; celui de *Gérardmer* dans les Vosges, tout voisin des petits lacs si pittoresques de *Longemer* et de *Tournemer*.

24. Étangs. — Les *étangs* sont nombreux en France, où ils occupent une superficie de 200,000 hectares. Les uns sont salés : ils sont situés dans les contrées maritimes, le long des côtes ; les autres sont d'eau douce et répandus dans l'intérieur ; ces derniers sont surtout en grand nombre dans la partie comprise entre le cours de la Saône, du Rhône et de l'Ain.

Les étangs salés les plus considérables sont ceux de *Carcans*, de *Canau* et de *Biscarosse* dans les Landes ; puis, le long de la Méditerranée, les lagunes (n° 5) connues sous le nom d'étangs de *Leucate*, de *Sigean*, de *Thau* et de *Berre*.

Les étangs d'eau douce sont nombreux dans le bassin inférieur de la Loire et dans la partie du bassin de ce fleuve arrosée par le Cher ; dans les Vosges, dans l'Ain surtout (ancienne Bresse), où l'un d'eux a reçu le nom de *lac de Nantua*, et dans la partie S. E. du bassin du Rhône, ainsi que nous l'avons dit plus haut. Il sont également poissonneux ; mais leur nombre tend à diminuer à cause des desséchements entrepris pour fournir des terres à l'agriculture.

25. Marais. — Les *marais* occupent en France une superficie un peu moindre que celle des étangs, car elle n'est que de 180,000 hectares environ. Ils sont répandus abondamment dans le bassin de la Somme, où ils donnent naissance à un combustible nommé *tourbe* (voir ci-après, n° 39). Le bassin de la Charente et celui de la Loire, dans sa partie inférieure, en contiennent un grand nombre ; ils se prolongent sur le littoral, à travers les Landes. Parmi ceux-là se trouvent les marais salants, ainsi nommés parce que la mer, en se retirant, y dépose le sel souvent en grande abondance (voir ci-après n° 35). Il existe également des marais dans les contrées arrosées par le Rhin, l'Escaut, l'Aisne et la Saône.

26. Climat. — On nomme *climat* d'un pays le degré de froid ou de chaleur qui règne ordinairement dans ce pays. Ainsi, le climat d'un pays est *froid* lorsque le froid y règne habituellement ; il est *chaud* lorsque la chaleur y est intense ; il est *tempéré* lorsqu'il n'est ni trop froid ni trop chaud.

Le climat de la France est doux et tempéré ; il ne se fait, en effet, sentir dans ce pays ni de très-grands froids ni de très-grandes chaleurs (1). Nous en donnerons la preuve en

---

(1) Quoique le climat de la France soit habituellement régulier

exposant les différences de température les plus grandes qui s'y soient fait remarquer.

27. TEMPÉRATURE MOYENNE. — TEMPÉRATURES EXTRÊMES. — La *température moyenne* de la France est,

suivant l'ordre naturel des saisons, on a cependant observé des anomalies fort remarquables dont l'hiver de 1853, extrêmement doux jusqu'à la moitié de février, et devenu tardivement rigoureux depuis cette époque jusqu'à la fin de mars, offre un exemple frappant. Nous empruntons au savant et curieux ouvrage publié en 1845 par le docteur Fuster sur les variations du climat en France, les faits ci-après :

« En 450, il y eut en Gaule des intempéries de saisons extraordinaires. L'extrême rigueur de l'année 468 fut due uniquement au renversement absolu des quatre saisons et de leurs produits. En 584, il y eut des roses au mois de janvier. Bientôt des gelées blanches vinrent endommager les vignes ; les orages ravagèrent ensuite les moissons et les vignobles ; plus tard, une affreuse sécheresse acheva de détruire ce que la grêle avait laissé sur pied. Cependant les arbres fruitiers, qui avaient porté des fruits au mois de juillet, en portèrent une seconde fois trois mois après, au mois de décembre ; la vigne, à son tour, poussa de nouveaux jets, et l'on y montra même, à cette époque, des raisins bien formés.

» Il y eut des gelées vigoureuses les 2 et 22 juillet de l'an 800. Une sécheresse excessive marqua d'abord les mois d'avril et de mai 892 ; des gelées désastreuses la suivirent de près, le 18 mai et le 17 juillet. Au milieu du mois d'avril 1603, il survint pendant quatre jours un hiver si âpre, avec des vents et des neiges, que la plupart des arbres et des vignes périrent, et que les oiseaux et les troupeaux moururent de froid.

» Au dix-huitième siècle, le duc de Saint-Simon remarqua la perturbation de nos saisons depuis le grand ouragan de 1701, perturbation caractérisée par des vents violents, des froids insolites et la fréquence des pluies. Ces irrégularités auraient augmenté, selon lui, d'année en année, en sorte qu'il y a longtemps, disait-il vers la première moitié de ce siècle, qu'on n'a plus du tout de printemps, qu'on a peu d'automne, et que l'été se trouve réduit à quelques jours.

» Après le rude hiver de 1789, on remarqua avec surprise la douceur des hivers de 1790, 1791 et 1792 ; il semblait, au dire du père Cotte, que l'hiver de 1789 avait consommé le froid des trois hid'après les calculs les plus exacts, de 12 degrés environ au-dessus de zéro ; c'est-à-dire que les chaleurs y atteignent 12 degrés de plus que n'en obtient le froid. En effet, les

---

vers suivants. Toutefois, les printemps et les étés de ces quatre années n'accréditèrent pas ce système ; car un froid souvent très-rigoureux y tint constamment la place de la température normale. Les vignes surtout souffrirent de ce renversement général ; elles gelèrent, notamment dans toute la France, pendant la nuit du 30 au 31 août 1793. L'année 1793 en particulier, se fit remarquer par les plus surprenantes vicissitudes. A un printemps froid et pluvieux succédèrent tout à coup des chaleurs excessives et prolongées ; un hiver très-rigoureux remplaça brusquement, à son tour, les chaleurs violentes de l'été ; ce qui produisit à cette époque une disette presque absolue de vin.

» L'hiver de l'année 1802-1803 offrit des analogies frappantes avec celui de l'année 1853 ; le temps resta très-doux pendant le mois de décembre 1802 et les dix premiers jours de janvier 1803 ; il se refroidit beaucoup du 11 au 16. Les gelées cessèrent du 17 au 24 ; le froid reprit du 25 au 31, cessa de nouveau et reprit encore du 4 au 13 février. Il fit depuis extrêmement doux jusqu'au 3 mars. Les gelées recommencèrent avec des neiges abondantes pendant dix autres jours. La température s'éleva après le 14 et se maintint douce ou plutôt chaude pendant le reste du mois. En avril et en mai, il souffla un vent très aigre et très-froid ; on vit même des gelées à glace le 30 avril, les 14, 15 et 18 mai. L'été fut marqué par une sécheresse de quatre-vingt-quatorze jours.

» Les vicissitudes de 1832, année de l'invasion du choléra en France, méritent de nous arrêter. Un froid fort modéré marqua les deux mois de janvier et de février. Le jour le plus froid n'indiqua pas, à Paris, au-dessous de 3° 5, et le thermomètre monta, au jour le plus chaud, à 12° 2. La température varia journellement, et souvent d'heure en heure, entre les deux extrêmes, sous l'influence d'un ciel alternativement clair et couvert, de vents tantôt violents et tantôt faibles, et d'une humidité presque permanente, déterminée à la fois par des dégels réitérés, par des pluies fréquentes et par des brouillards épais.

» Les perturbations atmosphériques s'interrompirent le 13 ou le 14 février, pour nous procurer plusieurs jours d'un temps doux et très-beau au milieu de la journée, mais froid et chargé de brouillards le matin et le soir. Un vent froid et impétueux termina brusquement cette agréable période. Toutefois, les alternatives de froid et de chaud

températures extrêmes qui se font remarquer en France sont : 40 degrés de chaud à Orange, en 1830, et 28 degrés de froid à Mulhouse.

Il s'en faut de beaucoup que le climat soit uniforme par toute la France ; un grand nombre de circonstances le font varier ; parmi ces causes, nous citerons seulement : 1° l'*élévation du terrain* au-dessus du niveau de la mer, élévation dont nous avons déjà exposé les effets. A cette première cause on en peut ajouter une autre qui s'y rapporte naturellement, savoir : le voisinage et la disposition des montagnes plus ou moins hautes et quelquefois couvertes de neiges perpétuelles qui tendent à refroidir le climat, mais qui quelquefois aussi arrêtent des vents froids ou humides ; — 2° la *pente générale du terrain* et les *expositions locales*, qui contribuent puissamment à échauffer ou à refroidir la température, suivant que la disposition du sol lui permet de recevoir plus ou moins perpendiculairement les rayons du soleil ; — 3° la *nature des vents* qui dominent habituellement, et dont les uns, tels que ceux qui ont passé sur des plaines de sables brûlants, amènent une chaleur étouffante, tandis que d'autres sont froids, parce qu'ils ont passé sur des contrées ou des montagnes couvertes de glace,

---

de calmes et de tempêtes, de soleil et de pluie, reprirent depuis le 29, entremêlées de neige, de grêle et de brouillards. Ces bourrasques redoublèrent vers l'équinoxe et se prolongèrent d'ailleurs jusqu'au 26 ou 27 mars. Le printemps, l'été et l'automne furent signalés par des vicissitudes constantes.

» Les saisons de 1841 furent aussi bouleversées ; après un hiver précoce et long, le mois de mars vit éclore une chaleur tout à fait insolite ; le thermomètre monta à Paris à 13°, 18°, 20° et 22°. Un soleil resplendissant éclaira, presque sans interruption, cette haute température. La végétation surexcitée se réveilla avec activité ; les arbres fleurirent dans la première quinzaine du mois, et la plupart étaient couverts de feuilles le 30. »

ou humides, quand ils se sont chargés d'émanations aqueuses en traversant d'immenses espaces de mer ; — 4° le *voisinage des grandes mers*, dont la température, généralement égale et douce, contribue puissamment à la douceur du climat des contrées rapprochées de leurs rivages ; — 5° la *constitution géologique du sol*, qui tantôt se compose de substances faciles à échauffer, comme le sable, et tantôt de substances peu propres à recevoir et à conserver la chaleur ; — 6° le *degré de culture du sol* ; la culture, en effet, rend plus salubres les contrées habitées par l'homme, qui dessèche les marais, facilite le cours des rivières et éclaircit les forêts séculaires, où ses défrichements permettent enfin aux rayons du soleil de pénétrer, mais dont la destruction complète, surtout sur les versants des montagnes, peut avoir de fâcheuses conséquences ; en effet, dans ce cas les eaux du ciel n'étant retenues par aucun obstacle, se rassemblent rapidement et grossissent les rivières, qui ne tardent pas à déborder.

La partie N. E. de la France, soumise à des causes nombreuses de refroidissement, n'a que dix degrés au-dessus de zéro pour température moyenne ; elle offre la température la plus froide qui se fasse sentir en France, 22 degrés au-dessous de zéro ; aussi, bien que la chaleur y atteigne quelquefois 36 degrés, cette portion de la France est celle où la moyenne de température est le moins élevée, à cause de la durée du froid qui s'y fait sentir.

La partie N. O. jusqu'à la Loire, touchant à la mer par un vaste littoral, jouit d'un climat assez égal ; la température moyenne est de 10 degrés 9 dixièmes, et les températures extrêmes sont de 36 degrés au-dessus de zéro et de 17 au-dessous.

La partie S. O. de la Loire aux Pyrénées, étant, comme la précédente, bordée par l'Océan, jouit d'un climat assez doux ; et même, comme elle est placée plus au S., la moyenne de chaleur y est plus élevée : elle est de 11 degrés 5 dixièmes. Les températures extrêmes sont, à Toulouse, de 38 degrés au-dessus et de 11 au-dessous.

La partie S. E., comprenant le bassin du Rhône jusqu'à la Durance, se trouve, quoique placée vers le midi, refroidie par le voisinage des Alpes, et offre comme température moyenne 11 degrés 8 dixièmes ; les températures extrêmes sont : 33 degrés de chaleur et 11 de froid.

La partie S. S. E., comprise dans la partie inférieure du bassin du Rhône entre la Durance et la mer, jouit du climat le plus chaud de toute la France. La température moyenne de cette région atteint, en effet, 14 degrés 8 dixièmes, et les températures extrêmes sont de 36 degrés au-dessus et de 11 au-dessous.

28. DIFFÉRENCE DANS LA QUANTITÉ DE PLUIE QUI TOMBE SUR LES DIVERSES PARTIES DE LA FRANCE. — Dans la plus grande partie de la France, le vent qui souffle le plus habituellement, le vent S. O., est humide et pluvieux : il en résulte que la quantité de pluie qui tombe en France est assez considérable. Elle y est, toutefois, répartie très-inégalement. La région qui en reçoit le plus est la partie S. E., où il tombe en moyenne 950 millimètres d'eau par an ; ensuite vient le S., où il tombe 650 millimètres ; puis le N. E. et le S. O., qui reçoivent 580 millimètres ; enfin, le N. O., qui n'en reçoit que 550.

QUESTIONNAIRE. — 23. Qu'est-ce qu'un lac, un étang et un marais ? — Quels sont les lacs que possède la France ? — 24. Quelle superficie occupent en France les étangs ? — Comment les divise-t-on ? — Où sont situés les étangs salés ? — Où sont situés les étangs d'eau douce ? — 25. Quelle superficie occupent en France les marais ? — Où sont-ils situés ? — Qu'est-ce qu'un marais salant ? — 26. Qu'est-ce que le climat ? — Quel est le climat de la France ? — Dites ce que vous savez sur les irrégularités qui ont été observées dans le climat de la

France? — 27. Quelle est la température moyenne de la France ? — Quelles sont les températures extrêmes de ce pays? — Quelles sont les causes qui influent sur le climat d'une région? — Indiquez le climat moyen et les climats extrêmes de la partie N. E. et de la partie N. O. de la France.— Indiquez le climat moyen et les climats extrêmes des parties S. O., S. E. et S. S. E. de la France ? — 28. Quel est le vent dominant en France? — Quelle est la quantité moyenne de pluie qui tombe dans chacune des cinq parties de la France, N. E., N. O., S. O., S. E. et S. ?

CHAPITRE SEPTIÈME.

GÉOLOGIE (1).

SOMMAIRE.

29. La Géologie traite de la structure et de la composition du globe ou plutôt de sa superficie. Des obstacles insurmontables ne permettent pas d'en pénétrer profondément l'intérieur. Les pays volcaniques donnent une idée des phénomènes qui ont présidé à la constitution définitive du sol ; l'examen des flancs des montagnes et des excavations révèle les diverses espèces de terrains qui y existent.

30. L'état primitif de la terre paraît avoir été un état de fusion par la chaleur. Le refroidissement a produit la croûte solide de la terre, composée d'abord de terrains ignés, plutoniens ou non stratifiés. L'action des eaux a amené le dépôt successif de couches de terrains dits neptuniens, stratifiés ou sédimentaires. Ces derniers seuls renferment des fossiles. Les terrains de même nature sont tous, relativement les uns aux autres, dans le même ordre ; mais les secousses volcaniques ont lancé des masses de terrains primitifs à travers les couches neptuniennes et modifié la situation naturellement horizontale des dernières. Les terrains neptuniens se divisent en : terrains d'alluvions ; — terrains tertiaires (calcaires, gypse, sable, argile, etc.); terrains secondaires (supérieurs ou crétacés, inférieurs ou jurassiques, etc.); — terrains de transition (houilles, schistes, ardoises). Les terrains plutoniens comprennent les granits, porphyres, basaltes, laves et matières volcaniques. Ces terrains sont en proportions très-inégales à la surface ; le tertiaire seul figure pour un tiers, le jurassique pour un cinquième, le crétacé pour un huitième, les terrains de transition pour un neuvième environ, les terrains primitifs pour un cinquième, etc., et sont répartis d'une manière très-irrégulière. Les terrains tertiaires forment les plaines de la France centrale, le jurassique, les montagnes de l'Est, etc.

31. Le bassin de Paris est composé principalement de terrains tertiaires ; la région du N. O, de terrains secondaires crétacés; la région

---

(1) Voir dans l'Atlas de M. Ansart, sur la planche de la France physique, la carte de la FRANCE GÉOLOGIQUE.

N. E., de terrains secondaires et de transition, sauf l'Alsace (alluvions) ; la région de l'O. de terrains primitifs ; le bassin de Bordeaux, de terrains tertiaires entourés de craie ; il est bordé de terrain de transition, au midi ; le plateau central, de terrains primitifs en grande partie volcaniques ; la région orientale, de terrains jurassiques aboutissant à des terrains crétacés ou d'alluvions.

39. GÉOLOGIE. — La géologie est la science qui traite de la structure et de la composition du globe terrestre ou plutôt de la surface de la terre, car l'homme ne peut pénétrer qu'à une faible profondeur dans l'intérieur de la planète qu'il habite. Les eaux qui jaillissent en abondance, la chaleur toujours croissante à mesure que l'on descend dans le sein de la terre, sont des obstacles qu'il est absolument impossible de vaincre au delà d'un certain point avec les moyens que nous possédons aujourd'hui. C'est donc, à proprement parler, le *sol* dont la géologie fait connaître les éléments, en se servant de divers accidents produits par les révolutions du globe pour découvrir en partie ce qu'il renferme dans ses entrailles.

Appliquée à la France, cette science, singulièrement développée dans les temps modernes, fait connaître les divers terrains qui forment la couche superficielle de notre pays ; elle constate et indique les qualités variées du sol dans les régions géologiques (n° 31) qui partagent notre patrie, et qui, tout en présentant beaucoup de caractères communs, ont cependant des différences profondes qui influent autant que le climat sur leurs produits, sur leur richesse, sur leur civilisation.

« Notre planète est arrivée sur les points de la surface que nous habitons, dit un géologue célèbre (1), à un état d'équilibre tel, que nous sommes portés à regarder les fondements de la terre comme un type de durée et de stabi-

---

(1) Buckland, *trad. de M. Doyère.*

lité ; mais nos idées seraient bien différentes si nous étions appelés à vivre dans le voisinage des foyers d'éruption volcanique. Là, le sol refuse un point d'appui ; il oscille sous les pieds, renverse des cités, se déchire en affreux abîmes. Les habitants de ces régions nous comprendraient sans peine s'ils nous entendaient parler de la croûte du globe comme d'une pellicule qui flotte à la surface d'un noyau composé d'éléments en fusion ; ils ont vu ces mêmes éléments, à l'état de fluidité, s'élancer au dehors en torrents de lave liquide, ils ont senti le sol ballotté, pour ainsi dire, sur les lames d'une mer souterraine ; ils ont vu des montagnes s'élever et des vallées se creuser dans la durée d'un instant, et ils peuvent mieux apprécier, par le témoignage même de leurs sens, la valeur des expressions dont se servent les géologues lorsqu'ils décrivent les tremblements et les convulsions qui ébranlent notre planète. »

Quand on examine les flancs des montagnes ou les excavations pratiquées pour l'exploitation des mines, on s'aperçoit facilement que le globe présente un grand nombre de terrains différents par leur nature, leur aspect, leur disposition. On les a classés d'après leurs caractères particuliers et l'origine probable que ces caractères ont révélée aux géologues.

30. ÉTENDUE RESPECTIVE DES DIVERS TERRAINS FORMANT LA COUCHE SUPERFICIELLE DE LA FRANCE. — Tout porte à croire que pendant des périodes d'une durée indéfinie, que les livres saints désignent par l'expression de *tohubohu* ou chaos, les matériaux constitutifs du globe ont été maintenus dans un état fluide par l'action d'une chaleur intense. Le refroidissement opéré graduellement à l'extérieur aurait permis aux divers éléments de se consolider à la surface du globe et d'y former d'abord une sorte d'écorce ou de croûte solide composée de matières fondues, d'une excessive dureté, analogues à la lave des volcans, existant en masses puissantes, et non pas en couches superposées, et appelées, tant à cause de leur origine qu'à cause de leur disposition, *terrains plutoniens* ou *ignés*, *primitifs* ou *non stratifiés* (1).

A l'action du feu paraît avoir succédé l'action de l'eau, dont les effets offrent une apparence toute différente. Les eaux répandues sur toute la surface de la terre, ainsi que nous le montre l'Écriture dans la description du déluge universel, y ont déposé successivement les éléments qu'elles tenaient en suspension à peu près comme les fleuves débordés déposent sur leurs bords le limon qu'ils roulent dans leurs ondes. Ces dépôts, étendus régulièrement à la surface du globe par l'action naturelle des eaux, et placés les uns au-dessus des autres par l'effet des inondations qui se sont succédé à des intervalles plus ou moins éloignés, y ont ainsi formé diverses couches, beaucoup moins dures que les roches plutoniennes, et sont, pour cette raison, appelés *terrains neptuniens* ou formés par les eaux, et terrains *stratifiés* ou *sédimentaires*.

A la différence des terrains plutoniens, qui ne renferment aucune parcelle de matières organisées, les terrains neptuniens présentent de très-nombreux débris de plantes ou d'animaux dont les espèces n'existent plus pour la plupart. Ces débris, engloutis par les eaux, se sont conservés jusqu'à nous, soit avec leurs éléments primitifs, soit après avoir subi à la longue une modification qui a changé leur nature sans al-

---

(1) On entend par *stratification* la configuration des roches en grandes couches parallèles, lesquelles sont ordinairement subdivisées en assises ou lits distincts par des variations de couleur ou de composition.

térer leur forme en substituant à leurs molécules des parcelles pierreuses, substitution qu'on appelle *pétrification*. Ces débris, dont on parlera de nouveau, ont reçu le nom de *fossiles* (n° 47).

Le globe ayant été à plusieurs reprises couvert et abandonné par les eaux laissant chaque fois un dépôt ou sédiment particulier, on conçoit facilement que les terrains ainsi déposés doivent se trouver partout placés les uns au-dessous des autres dans le même ordre. Ainsi le terrain qui dans une localité en recouvre un autre ne pourra jamais se trouver ailleurs au-dessous de lui; il pourra bien manquer complétement, de façon à laisser ce dernier à nu ou en contact avec une couche de date plus récente ; mais partout, lorsqu'il existera, il devra être supérieur à tous les terrains dont la formation est due à une inondation plus ancienne. On comprend également que ces terrains neptuniens devraient toujours recouvrir les terrains plutoniens formés avant eux ; mais cette règle reçoit de nombreuses exceptions par suite des secousses et des éruptions volcaniques qui, déchirant les couches de terrains neptuniens, ont lancé ou répandu au-dessus de ces dernières, à travers les fissures, des masses considérables de matières ignées.

Chacun sait que lorsqu'une couche solide se dépose au fond de l'eau, comme la vase d'une rivière, elle prend une position horizontale. C'est ainsi qu'ont eu lieu en effet les dépôts composant les divers terrains neptuniens ; mais les mêmes phénomènes qui ont entr'ouvert les couches supérieures, pour amener à la surface les éléments plutoniens, ont soulevé ou abaissé en beaucoup d'endroits les diverses couches sédimentaires, de sorte que les unes sont devenues presque perpendiculaires au flanc des montagnes, les autres sont courbes ou obliques le long des vallées profondes.

Ces notions générales suffiront pour comprendre la classification établie entre les diverses natures de terrains qui composent le sol de notre France. Nous suivrons pour les décrire, non pas l'ordre de leur formation, mais celui dans lequel ils se présentent à l'observateur à partir de la surface de la terre.

Les TERRAINS NEPTUNIENS que nous rencontrons d'abord offrent quatre classes distinctes.

1° A la superficie se trouvent les *terrains modernes*, c'est-à-dire ceux dont la formation, postérieure à la création de l'homme et aux dernières révolutions du globe, se continue encore chaque jour. Composés d'un assemblage de fragments de roches plus anciennes et de débris de substances végétales ou animales détachés et mélangés par la pluie, le soleil, la gelée, ils forment une couche meuble et légère, susceptible d'être cultivée. On donne à cette couche le nom de *terre végétale*, parce qu'elle nourrit les plantes ; c'est de son épaisseur plus ou moins grande que dépend le plus ou moins de fertilité du sol. Les fossiles que renferment les terrains modernes se rapportent tous à des espèces existantes.

Quand des courants d'eau passent sur de semblables terrains, ils entraînent et charrient une partie de leurs éléments, qu'ils déposent ensuite la plupart du temps sur leurs rives ou à leur embouchure, où se forment ainsi les amas plus ou moins considérables que l'on nomme *alluvions*.

A cette classe appartiennent les terrains limoneux qui tapissent le fond des vallées et ces grands dépôts qui, à l'embouchure de certains fleuves, ont formé peu à peu des régions entières, telles que le Delta du Nil et le sol de presque toute la Hollande. Ces terrains, à cause de leur peu d'ancienneté, ne contiennent pas de fossiles proprement dits ; on y trouve seulement des amas de végétaux enfouis dans des marais tout semblables à ceux qui existent aujourd'hui, et auxquels on a donné le nom de *tourbes* (voir ci-après, chapitre VIII, n° 39).

2° On donne le nom de *terrains tertiaires* ou de *sédiments supérieurs* aux terrains placés immédiatement au-dessous des terrains modernes. Ils se sont formés par l'effet de grandes inondations, quand le globe était déjà peuplé d'animaux et de plantes appartenant à toutes les plantes actuellement existantes, mais dont les espèces, de dimensions souvent colossales, habitaient des régions différentes de celles qu'elles occupent aujourd'hui, ou même pour la plupart ont disparu de la surface de la terre. Tel était le Mammouth, sorte d'éléphant gigantesque dont on a retrouvé les ossements parfaitement conservés dans un grand nombre de régions du globe (n° 47).

Ces terrains, dus à l'action de courants d'une violence extrême, les uns d'eau douce, les autres d'eau de mer, renferment peu de roches très-dures, mais, en général, des couches de pierres calcaires ou pierre à chaux et pierres à bâtir, de pierres meulières et de cailloux, de sable et de grès, de pierres gypseuses ou pierres à plâtre, d'argiles de différentes espèces ; le mélange du sable, des débris calcaires et de l'argile forme les *marnes*, employées avec succès en agriculture pour modifier la nature des terres végétales.

Les terrains tertiaires offrent souvent d'immenses dépôts de coquillages maritimes qui prouvent que l'Océan recouvrait autrefois une partie des régions aujourd'hui habitées par les hommes. — C'est dans ces terrains que se trouvent les carrières de pierres et de marbres de diverse nature dont on parlera ci-après (n° 34).

3° Les *terrains secondaires*, placés au-dessous des terrains tertiaires et divisés eux-mêmes en *supérieurs* et *inférieurs*, présentent dans leurs couches les plus élevées des masses énormes de *craie*, qui existent sous les environs de Paris et se montrent à nu dans les plaines de la Champagne, où elles rendent souvent le sol absolument improductif. Aux bancs de craie se joignent des roches calcaires et argileuses, puis au-dessous des amas de grès vert.

Les terrains secondaires inférieurs comprennent les immenses roches calcaires appelées *terrains jurassiques* parce qu'elles jouent le rôle principal dans la constitution géologique du Jura. Les terrains jurassiques qui se trouvent au-dessous de la craie du bassin de la Seine prennent une grande extension en Bourgogne et en Lorraine, et forment presque tout le versant occidental des Alpes ; ils sont remarquables par les formes escarpées qu'ils présentent dans les pays de montagnes. Il faut signaler parmi les terrains secondaires inférieurs avec des gypses, des marnes et différentes espèces de grès bigarrés ou brillants, abondants sur les sommets des Vosges, les masses *salifères* ou mines de sel, exploitées surtout en Lorraine (voir n° 36). — Les terrains secondaires se distinguent d'ailleurs des terrains tertiaires par la nature particulière des fossiles qu'ils renferment ; on n'y rencontre plus, comme dans ceux-ci, des mammifères de divers genres, mais de grosses coquilles toutes marines, des reptiles gigantesques et des poissons. On a constaté que l'ordre dans lequel se retrouvent les animaux fossiles, et qui indique matériellement celui dans lequel ils ont été créés, est exactement conforme à l'ordre établi par les livres saints, auxquels la science humaine est ainsi venue rendre un magnifique témoignage.

C'est aux terrains secondaires qu'appartiennent les flancs de la plupart des grandes montagnes. Stériles par eux-mêmes, parce qu'ils ne conservent pas les eaux, ils les laissent glisser à travers les crevasses qui distinguent leurs roches fendillées et caverneuses, pour aller se réunir au-dessous en courants considérables, qui apparaissent dans les vallées en sources abondantes et forment parfois à l'instant même des rivières ; c'est ainsi que la *Sorgue* prend naissance à la fontaine de Vaucluse.

Quelques mines de métaux se trouvent dans les terrains secondaires.

4° Au-dessous des terrains secondaires sont les *terrains de transition*, parmi lesquels nous remarquons en première ligne les *terrains houillers*, si importants pour l'industrie, et que l'on a quelquefois classés parmi les terrains secondaires. Ces terrains, où se trouvent en vastes couches les immenses et précieuses mines de houille ou charbon de terre, abondantes en France et surtout en Belgique et en Angleterre, renferment les débris d'une puissante végétation qui a existé à une époque très-reculée, et qui se distingue par la stature gigantesque des plantes qui couvraient alors la terre (n° 38). Ces débris sont contenus entre des masses calcaires et des masses de grès, qui sont aussi très-riches en métaux de diverses espèces. C'est par conséquent le terrain houiller qui fournit à l'industrie ses plus importants matériaux. — Parmi les terrains de transition se trouvent encore les *schistes* ou roches feuilletées, dont les plus remarquables sont les *ardoises*, communes aux environs d'Angers et dans les Ardennes, puis diverses roches encore stratifiées, mais où l'on ne rencontre plus de fossiles. Les terrains de transition, formés de masses en partie déposées par les eaux, en partie cristallisées par l'action du feu, et dont la constitution est par conséquent tout à fait irrégulière, nous conduisent ainsi aux roches qui résultent entièrement de la fusion des éléments du globe.

Ces derniers terrains, ou TERRAINS PLUTONIENS, fournissent des matières entièrement cristallisées ou vitrifiées à la suite d'une fusion complète, matières d'une dureté extrême et susceptibles d'acquérir le beau poli qui les rend précieuses pour les arts (voir n° 34).

Parmi les roches plutoniennes nous citerons :

1° Le *granit*, qui apparaît en masses parfois énormes à la surface de diverses contrées. C'est dans cette roche, d'une solidité remarquable, abondante en Bretagne, et dont la couleur varie du gris foncé au rose clair, que sont taillées les dalles de nos trottoirs.

2° Le *porphyre*, qui fournit aux sculpteurs des pierres rouges, vertes ou noires, fort recherchées, et auquel se trouvent mélangés fréquemment des métaux, des agates, des onyx, des améthystes et d'autres pierres précieuses.

3° Le *basalte*, disposé quelquefois en colonnes symétriques dont la belle ordonnance frappe d'étonnement et d'admiration.

4° Les *laves* et diverses autres matières vomies par les cratères des volcans pendant les éruptions et formant les terrains volcaniques, qui se trouvent abondamment en Auvergne.

Ces différentes espèces de terrains existent en proportions très-inégales sur le sol de la France.

Si l'on divise la couche superficielle de notre pays en 100 parties, les terrains d'alluvion figureront pour 1 partie; les terrains tertiaires pour 30 ; les terrains secondaires crétacés pour 12 ; les terrains secondaires jurassiques pour 20 ; les autres terrains secondaires pour 5 ; les terrains carbonifères pour 1 ; les autres terrains de transition pour 10; enfin, les terrains plutoniens ou primitifs pour 21.

Ces quantités diverses sont d'ailleurs réparties d'une manière tout à fait irrégulière sur notre territoire. Les terrains d'alluvion qui existent dans toutes les vallées se trouvent en grands dépôts dans l'Alsace, les Bouches-du-Rhône et le Roussillon ; les terrains tertiaires, qui forment près du tiers du sol de la France, dominent dans toutes les plaines de la France centrale ; les terrains secondaires crétacés, qui abondent en Champagne, se retrouvent en grandes masses le long des montagnes du Languedoc, des Pyrénées et de la Provence; les terrains secondaires jurassiques, qui forment un cinquième de la France et sont surtout abondants dans toute sa partie orientale, se prolongent en bandes au nord, au centre et au midi, de manière à entourer les masses de craie qui entourent elles-mêmes les bassins de la Seine et de la Loire.

Les terrains carbonifères existent entre la Loire et le Rhône, et surtout entre la France et la Belgique.

Les autres terrains de transition, qui constituent le dixième du territoire, se trouvent au nord dans les Vosges et les Ardennes, au milieu dans la Bretagne, et au midi tout le long de la chaîne des Pyrénées.

Enfin, les terrains plutoniens ou primitifs, qui occupent à eux seuls plus d'un cinquième de notre sol, se rencontrent surtout en Bretagne, dans l'Auvergne et les régions voisines, dans une partie des Vosges, des Alpes et des Pyrénées.

31. Nature du sol des grandes régions physiques. — Malgré l'irrégularité de la distribution des terrains sur le sol français, les géologues l'ont divisé en plusieurs grandes régions physiques, en groupant les portions de territoire qui présentent le plus de caractères communs, malgré des variétés notables dans leurs éléments constitutifs.

Le *Bassin de Paris* (ou région entre l'Oise, la Seine et la Loire), étudié avec un soin tout particulier par d'illustres naturalistes (1), est composé de puissants dépôts de terrains tertiaires formant une sorte d'île entourée de terrains crétacés sur lesquels elle repose, et traversée par les terrains d'alluvion de la vallée de la Seine. Ces terrains tertiaires, qui en forment l'élément presque unique, présentent d'ailleurs la plupart des variétés qui existent dans cette grande classe de terrains. L'argile commune ou terre à bâtir, la

---

(1) MM. Cuvier et Brongniard.

glaise imperméable à l'eau et l'argile plastique ou terre à potier se trouvent en couches épaisses au S. et à l'E. de Paris; le calcaire grossier ou pierre à bâtir dans la plupart des environs, mais surtout au N. O. et au S. ; les grès blancs, et le sable au S. O., et principalement près de Fontainebleau; le gypse ou pierre à plâtre à Montmartre et au midi de la capitale; le calcaire siliceux et les pierres meulières à l'E. : la craie qui entoure le bassin comme d'une ceinture n'y apparaît que dans quelques endroits, comme à Meudon.

La *région du N. O.*, jusqu'à la Champagne inclusivement, est occupée par un immense plateau de terrain crétacé ou de craie, recouvert le plus souvent d'une profonde couche végétale, mais nous apparaissant aussi quelquefois à nu sur le sol même, comme dans les plaines de la Champagne pouilleuse ou sur les falaises de Normandie. Dans cette région sont compris les départements du Nord, du Pas-de-Calais, de la Somme, de l'Oise, de la Seine-Inférieure, du Calvados, et en partie ceux de l'Orne, de l'Eure, d'Eure-et-Loir, de Loir-et-Cher, du Loiret, des Ardennes, de l'Aube, de la Marne.

La *région du N. E.* (du bassin de Paris jusqu'aux extrémités des Vosges qui aboutissent à la grande plaine d'alluvion de l'Alsace) offre une progression remarquable de terrains de plus en plus anciens à mesure qu'on s'éloigne de Paris, terrains secondaires supérieurs d'abord, puis terrains secondaires inférieurs avec des masses salifères et des grès bigarrés, ensuite des terrains de transition, schistes et terrains houillers (Ardennes) qui se prolongent à l'O. le long de la frontière, enfin le granit et les roches plutoniennes.

La *région de l'Ouest* (côtes de la basse Normandie, Bretagne et Vendée) présente en abondance des roches granitiques et autres terrains primitifs.

La région du centre et du S. O., appelée par les géologues *bassin de Bordeaux*, et qui comprend le vaste bassin limité au N. par les montagnes voisines de la Loire, au S. par les Pyrénées, à l'O. par la mer, et à l'E. par les montagnes des Cévennes et leurs embranchements, est creusée comme le bassin de Paris dans un bassin crétacé dont la concavité a été remplie par des terrains tertiaires. Ces terrains présentent un mélange de grès plus ou moins ferrugineux à Rochefort et Angoulême, de marnes calcaires remplies d'huîtres fossiles à Cahors, de gypse à Cognac, de calcaire à coquilles sur les bords de la Garonne, de galets à Agen, de sables dans les Landes. La formation crétacée, apparente au N. O. du bassin, se montre de nouveau au midi sur une grande surface, dans l'Aude, l'Ariége, et surtout dans les Basses-Pyrénées.

La chaîne des Pyrénées elle-même offre des terrains crétacés, jurassiques, quelques roches primitives, et surtout des terrains de transition.

Le *plateau central*, depuis le bassin de Bordeaux jusqu'au Rhône, présente, entre des bandes crétacées, de très-vastes terrains primitifs. Parmi les montagnes qui le composent, celles du Forez, de la Lozère, des Cévènes, sont pour la plupart granitiques, celles du Cantal et du Puy-de-Dôme sont volcaniques. Ce plateau aboutit à l'E. aux riches terrains houillers de la Loire.

La *région orientale* de la France, depuis les Vosges jusqu'à la Provence, appartient, pour la plus grande partie, à la formation jurassique mêlée au sommet des Alpes de roches granitiques, et entrecoupée de dépôts tertiaires dans les vallées de la Bresse.

La *Corse*, qui forme une région à part, présente essentiellement des terrains plutoniens et de transition, des terrains secondaires crétacés et quelques alluvions sur les côtes.

QUESTIONNAIRE. — 29. Quel est l'objet de la géologie de la France?— Qu'est-ce qui peut donner une idée des phénomènes de la constitution du globe et de la disposition de ses éléments? Quelle est la partie du globe que l'homme peut étudier ? — 30. Quel paraît avoir été l'état primitif de la terre et comment s'est formée la couche solide ? — Quels éléments se sont ajoutés à la couche primitive, et sous quelle influence? — Quelles sont dès lors le deux grandes classes de terrains ? — Quelle est la disposition naturelle et quelles peuvent être les situations accidentelles des divers terrains ? — Quelles sont les grandes catégories de terrains neptuniens ? — Qu'entend-on par terrains d'alluvion ? — Quelles sont les différentes espèces de terrains tertiaires, de terrains secondaires ? — Désignez les principaux terrains de transition. — Qu'est-ce qui sert principalement à distinguer les différentes formations? — Nommez les terrains plutoniens les plus remarquables. — Dans quelles proportions ces terrains divers existent-ils à la surface de notre sol? — Dites comment ils sont répartis sur le territoire, et faites connaître les principales directions qu'affecte chacun d'eux. — 31. Nommez les régions géologiques les plus remarquables. — Donnez quelques détails sur les éléments constitutifs du bassin de Paris. — En quoi se distinguent la région du N. O. et celle du N. E. ? — Caractérisez la région de l'O., le bassin de Bordeaux, le plateau central. — Comment se compose le sol de la région orientale ? — Quelle est la nature du sol dans l'île de Corse?

CHAPITRE HUITIÈME.

GÉOGRAPHIE MINÉRALE.

SOMMAIRE.

32. La minéralogie étudie les substances qui entrent dans la composition des divers terrains constitutifs du globe ; notamment : les pierres qu'on extrait des carrières, les combustibles et les métaux existants soit dans les mines exploitées par puits et galeries, soit dans les minières exploitées à ciel ouvert.

33. Le fer manque dans le bassin de Paris, il se trouve dans soixante-huit départements, et surtout dans les terrains jurassiques. Quelques départements fabriquent surtout la fonte et l'acier. — L'argent, isolé dans le Bas-Rhin et l'Isère, est mêlé avec le plomb dans les mines de Poullaouen et d'Huelgoat, de Pontgibaud, etc. — Le plomb se trouve aussi, mais en faible quantité, dans les Vosges, le Haut-Rhin, la Loire, le Rhône, etc. — Le cuivre n'est exploité qu'à Chessy, Saint-Bel et Baigorry. — Le manganèse, métal colorant fort répandu, est exploité surtout à la Romanèche. — L'antimoine, métal d'alliage, est exploité dans le plateau central et autres départements.

34. Les carrières de pierres à bâtir sont répandues sur presque tout le sol. Les carrières de gypse ou pierre à plâtre se trouvent à Montmartre et dans les environs de Paris principalement, dans Saône-et-Loire, etc. — La pierre à chaux, extrêmement répandue, sert à faire les ciments de Vassy et de Pouilly. — Le kaolin, argile à porcelaine, se rencontre dans la Haute-Vienne et la Manche. — Des ardoisières existent à Angers et dans les Ardennes, le Finistère, la Corrèze, etc. — L'exploitation du granit a lieu dans la Manche, le Finistère, la Loire-Inférieure ; les roches volcaniques de Volvic servent pour trottoirs. — Le marbre des statuaires se trouve dans les Pyrénées, ainsi que divers autres marbres ; des carrières de marbres variés sont répandues dans quarante départements, surtout dans ceux qui sont montagneux.

35. Les marais salants sont situés sur les côtes de l'Océan, du Morbihan aux Pyrénées ; et sur les côtes de la Méditerranée, des Pyrénées au Rhône.

36. Il existe des mines de sel gemme à Dieuze, Vic, Salins, etc.
37. Les eaux thermales les plus connues sont celles des Pyrénées, du Mont-Dore, de Vichy, de Plombières, de Bourbonne, d'Enghien, de Passy, de Saint-Amand, etc.
38. La houille, combustible de première nécessité pour l'industrie, existe dans les terrains de transition, principalement dans le bassin houiller de Saint-Étienne; aux mines d'Anzin; dans les bassins du Creuzot, d'Aubin, d'Alais, de Blanzy, etc. Le graphite est exploité dans l'Ariége.
39. La tourbe est exploitée à fleur de terre dans les terrains modernes. Les principales tourbières sont celles de la Somme, de l'Oise, de l'Aisne, de la Loire-Inférieure.

32. GÉOGRAPHIE MINÉRALE. — Nous avons parlé dans le chapitre précédent des divers terrains, c'est-à-dire des grandes masses qui constituent dans son ensemble l'écorce solide du globe et qui sont l'objet de la géologie : la minéralogie s'occupe de l'étude particulière des différentes substances minérales qui entrent en proportion plus ou moins grande dans la composition des terrains. Les éléments principaux de plusieurs terrains fournissent des matériaux tout préparés, que l'on extrait du sol par quantités considérables, ou des combustibles qui remplacent avantageusement pour l'industrie le bois de nos forêts. Il existe aussi dans la terre d'autres substances minérales en trop petite proportion pour jouer un rôle particulier dans la constitution même du globe, mais qui n'en ont pas moins une importance extrême pour l'homme, à cause de leurs propriétés précieuses : ce sont les *métaux*. Les matières métalliques se trouvent dans les terrains primitifs, dans ceux de transition et dans les étages inférieurs des terrains secondaires, rarement dans les terrains tertiaires; elles sont donc placées généralement à une grande profondeur, où il faut aller les chercher, en pratiquant de vastes excavations nommées *mines*, dans lesquelles on descend par des conduits appelés *puits*, qui mènent aux *galeries* d'exploitation. Le métal s'y trouve presque toujours non pas à l'état de pureté et d'isolement, mais combiné et mélangé avec d'autres substances ; ces substances métallifères, appelées *minerais,* sont disposées en couches plus ou moins étendues ou *filons*.

On trouve souvent, en plus ou moins grande abondance, des minerais et même des matières métalliques pures à la surface du sol, dans les terrains d'alluvion ; mais ces dépôts, qu'on appelle *minières,* et qui s'exploitent à ciel ouvert, ne sont autre chose que des débris de roches métallifères détachés du flanc des montagnes et entraînés loin de leur *gisement* originaire par l'action des eaux.

On donne spécialement le nom de *carrières* aux excavations moins profondes que les mines, creusées pour extraire es matériaux propres à bâtir.

La France abonde en mines et en carrières de toutes ortes, qui forment un des principaux éléments de la richesse nationale, en fournissant à l'industrie des aliments et des ressources faciles.

33. GISEMENT DES MINES DE FER, D'ARGENT ET DE PLOMB, DE CUIVRE, DE MANGANÈSE, D'ANTIMOINE. — Le *fer*, ce métal indispensable à l'industrie comme à l'agriculture, et qui doit être considéré comme le plus précieux de tous, se trouve en grande quantité sur notre territoire, soit en mines proprement dites, soit en minières. Ce métal existe dans soixante-huit départements, mais non pas toujours en quantités suffisantes pour pouvoir être utilement exploité ; il manque entièrement dans les terrains tertiaires du bassin de Paris et dans les terrains volcaniques du plateau central ; c'est dans les terrains jurassiques qu'il est le plus abondant. Les départements les plus riches en minerais de fer sont la Haute-Marne, la Moselle, les Ardennes, les terrains entre les Vosges et l'Alsace, la Haute-Saône, Saône-et-Loire, où se trouve la magnifique usine du *Creusot*, le Cher, la Nièvre, la Loire et la Haute-Loire, l'Aveyron, l'Ariége, le Tarn, la Haute-Garonne, etc. Quelques-uns de ces départements, tels que la Nièvre, la Haute-Marne, l'Aveyron, etc., fabriquent plus spécialement la *fonte*, sorte de fer d'un prix inférieur, mais cassant, qui se fond et ne se forge pas ; d'autres, la Haute-Loire, l'Ariége, le Tarn, etc., se livrent surtout à la fabrication de l'*acier*, ou fer combiné avec le charbon, qui acquiert une dureté extrême et une souplesse remarquable par la *trempe*, opération qui consiste à *tremper* dans l'eau le métal rougi au feu.

Les mines de fer de notre pays peuvent être comptées parmi les plus riches de l'Europe, et le voisinage de la houille, indispensable à la fabrication de ce métal, rend en général leur exploitation fructueuse.

Nous ne dirons rien de l'or que l'Ariége (*Aurigera*) entraînait jadis dans ses eaux, en paillettes abondantes, mais qu'on ne trouve plus, sur divers points de la France, que par parcelles sans importance. L'*argent* est un peu plus abondant. Il en existe deux mines particulières à Serbeis, dans le Bas-Rhin, et à Chalanches, dans l'Isère ; mais le plus souvent il est mêlé avec le plomb, comme dans le Finistère, où se trouvent des mines importantes de *plomb* argentifère à Poullahouen et Huelgoat, dans la Lozère aux mines de Vialas, dans le Puy-de-Dôme à celles de Pontgibaud. Les autres gîsements d'argent sont abandonnés ou ne méritent pas d'être signalés. — Outre le plomb, qui est extrait en proportions beaucoup plus fortes que l'argent des mines argentifères que l'on vient de nommer, on trouve encore ce métal mêlé à des quantités insignifiantes d'argent ou à d'autres substances, dans les Vosges, le Haut-Rhin, la Loire et la Haute-Loire, le Rhône, l'Isère, etc. ; mais la France n'en produit pas en quantité suffisante pour les besoins de son industrie.

Il en est de même du *cuivre*, qui se trouve en petite quantité mêlé au plomb dans le Haut-Rhin et les Vosges, mais qui n'est exploité fructueusement que dans le département du Rhône aux mines de Chessy et de Saint-Bel, et dans le département des Basses-Pyrénées aux mines de Baigorry.

Le *manganèse*, métal fort important par l'emploi qu'on en fait dans les préparations chimiques et dans la fabrication des porcelaines, des émaux, des verres et des glaces, qu'il colore ou purifie, se trouve en grande abondance et sous diverses combinaisons dans plusieurs parties du territoire. On l'exploite surtout dans le département de Saône-et-Loire à la mine de la Romanèche, et dans les Cévennes, les Vosges, la Moselle, la Dordogne.

L'*antimoine*, métal employé surtout comme alliage dans la fabrication des caractères d'imprimerie, dont il accroît la dureté sans nuire à leur fusibilité, est exploité dans les Ardennes, la Vendée, la Charente et la plupart des départements du plateau central.

Les autres métaux employés dans notre industrie, tels que le zinc, l'étain, le mercure, etc., ne se trouvent en France qu'en trop faibles quantités pour y être exploités avec profit.

34. CARRIÈRES DE GYPSE, DE CHAUX, DE KAOLIN, D'ARDOISES, DE GRANIT, DE MARBRE. — Nous ne parlerons pas des carrières consacrées à l'exploitation des pierres à bâtir proprement dites, calcaire grossier partagé en moëllons et pierres de taille, et que fournissent, sur le sol de presque toute la France, les terrains tertiaires et les terrains jurassiques. L'extrême abondance de ces matériaux et la facilité de leur extraction donnent peu d'importance à chacune de ces carrières en particulier. Nous ne nous arrêterons qu'aux exploitations de substances minérales, non moins nécessaires, mais moins répandues, et qui méritent par là même de fixer davantage l'attention.

Le *gypse* ou *pierre à plâtre*, existe en masses considérables dans le bassin de Paris et dans les environs les plus rapprochés de la capitale. Les carrières à Plâtre de Montmartre sont célèbres par leur étendue et l'excellente qualité de leurs produits. On trouve encore le gypse dans un grand nombre de départements, et surtout dans celui de Saône-et-Loire.

La *chaux*, qui est employée si utilement dans la composition des divers ciments, est le résultat de la cuisson d'une variété de la chaux carbonatée vulgairement nommée pierre à chaux, qui se trouve dans toute la France. Parmi les chaux les plus renommées, il faut citer celles de Vassy (Yonne) et de Pouilly (Côte d'Or), qui fournissent un ciment naturel excellent.

Une variété de carbonate de chaux, d'un grain extrêmement serré, fournit la pierre lithographique et se trouve dans les départements de l'Indre, de la Côte-d'Or, de l'Ain, du Haut-Rhin, etc.

Le *kaolin* est une sorte d'argile blanche et fine que l'on emploie pour la fabrication de la porcelaine; la finesse de son grain donne aux vases qui en sont formés cette transparence et cette pureté qui ont rendu les manufactures de Sèvres et de Limoges si célèbres dans toute l'Europe. Le kaolin est exploité surtout dans la Haute-Vienne à Saint-Yrieix et Limoges, et dans la Manche, aux Pieux, où sont situés les principaux gisements de cette précieuse substance.

Les *ardoises*, variété du schiste, si remarquables par leur facilité à se partager en feuilles, et si utilement employées pour les toitures, se trouvent en masses énormes et souvent à de grandes profondeurs. Les carrières d'ardoises les plus renommées sont celles des environs d'Angers, qui sont de véritables mines. D'autres gisements fort importants sont exploités dans les Ardennes, le Finistère, la Corrèze, l'Isère, les départements limitrophes des Pyrénées.

Les *granits*, dont se composent en grande partie les terrains plutoniens de la France, sont exploités dans plusieurs départements, où ils présentent des variétés fort recherchées pour l'architecture et le pavage, savoir : la Manche, le Finistère, la Loire-Inférieure, la Vendée, les Hautes-Alpes, la Corse. Il existe à Volvic une vaste exploitation de roches volcaniques employées pour les trottoirs.

Le *marbre*, si précieux pour la statuaire et la décoration des édifices publics et privés, se trouve presque dans la moitié des départements de la France, mais avec des nuances infinies et des qualités très-diverses qui lui donnent tantôt un grand prix, tantôt une valeur minime. On trouve dans les Pyrénées le beau marbre blanc des statuaires et d'autres variétés fort estimées, vertes, rouges ou roses, qui ont quelquefois le poli et la dureté de l'agate. Les Alpes fournissent des marbres blancs et jaunes. Les départements les plus riches en carrières de marbres sont ceux du Pas-de-Calais, du Nord, des Ardennes, de la Haute-Marne, de la Mayenne et de l'Aude.

35. Marais salants. — Parmi les produits minéraux les plus importants de la France, il faut placer le *sel*, cette matière de première nécessité pour notre alimentation et pour un grand nombre d'industries. Le sel tenu en dissolution dans une proportion très-forte par les eaux de la mer s'obtient sur les rivages au moyen des *marais salants*. Ce sont des plages unies sur lesquelles l'eau de la mer se répand au moyen de rigoles. Retenue par des vannes en quantité convenable, cette eau dépose en s'évaporant du sel cristallisé que l'on recueille à la surface du marais pour le faire sécher et le livrer à la consommation.

L'exploitation des marais salants occupe sur nos côtes des populations nombreuses et fournit au trésor d'importants revenus par l'impôt perçu sur leurs produits; ces marais sont surtout multipliés le long des rivages bas et humides du Morbihan, de la Loire-Inférieure et de tout le littoral de l'Océan jusqu'aux Pyrénées. Au bord de la Méditerranée on les retrouve en grand nombre dans les départements des Pyrénées-Orientales, du Gard, de l'Hérault, des Bouches-du-Rhône, où l'industrie savonnière de Marseille en absorbe les produits.

36. Sel gemme. — Le sel se trouve à l'état de roche et par quantités énormes dans les terrains secondaires inférieurs, où il forme des masses cristallisées et brillantes appelées *sel gemme*. Parmi les mines de sel gemme ou salines, qui sont exploitées à une grande profondeur, il faut nommer avant toutes les autres celle de *Dieuze*, dans la Meurthe, qui est en activité depuis le onzième siècle : elle produit environ 500,000 quintaux de sel par an. Les autres salines de la Meurthe, *Vic* et *Moyen-Vic*, celles du Jura, *Salins* et *Lons-le-Saulnier*, donnent aussi des produits abondants.

37. Eaux thermales. — Diverses substances minérales dissoutes dans des sources d'une température ordinairement élevée leur donnent des qualités médicinales qui les rendent propres au traitement d'un grand nombre de maladies. Telles sont les *eaux thermales*, dont la France possède une grande variété, et dont plusieurs sont fréquentées chaque année par une multitude de visiteurs. Elles abondent surtout dans les pays de montagnes. On trouve dans les Pyrénées les eaux ferrugineuses et salines de Bagnères de Bigorre et de Saint-Sauveur (Hautes-Pyrénées); les eaux sulfureuses de Barèges, de Cauterets (même département), de Bagnères, de Luchon (Haute-Garonne); d'Eaux-Bonnes (Basses-Pyrénées). Dans le Puy-de-Dôme sont les eaux gazeuses du Mont-Dore; dans l'Allier, celles de Vichy et les sources salines de Néris;

dans les Vosges, celles de Plombières et de Bussang; dans la Haute-Marne, celles de Bourbonne-les-Bains ; près de Paris, les eaux sulfureuses froides d'Enghien-les-Bains, et les eaux ferrugineuses de Passy ; dans le Nord, les *boues* de Saint-Amand, etc, etc...

38. Gîtes houillers. — La richesse industrielle d'un pays dépend moins encore de l'abondance de ses produits que de celle du combustible qui, depuis l'emploi des machines à vapeur, est véritablement la vie et l'âme de l'industrie. Or, nos bois et nos forêts seraient promptement épuisés s'ils devaient fournir un aliment unique ou même principal à la dévorante activité de nos usines. Il a fallu que, pendant des siècles sans nombre, la Providence accumulât dans le sein de la terre comme dans un immense réservoir les débris d'une végétation colossale, aujourd'hui carbonisés, qui forment les gîtes houillers des terrains de transition. La France, sous ce rapport, est moins favorisée, avons-nous dit (n° 30), que l'Angleterre et la Belgique. Toutefois, elle possède dans diverses portions de son territoire des mines de houille très-puissantes qui n'attendent, pour se répandre sur le pays tout entier, pour alimenter partout nos hauts fourneaux et nos machines, que des moyens de transport rendus de plus en plus faciles par le développement du réseau de nos chemins de fer.

La houille ou charbon de terre, qui brûle aussi bien que le bois et donne, à volume égal, une bien plus grande chaleur, se trouve disposée en lits ou bancs continus qui alternent avec des grès et des schistes et sont généralement renfermés dans une excavation ou bassin encaissée de toutes parts. L'un des plus remarquables de ces gîtes houillers est celui de Saint-Étienne, entre la Loire et le Rhône, au point où les deux fleuves, coulant en sens inverse, se rapprochent le plus l'un de l'autre; il s'étend en triangle allongé sur une superficie de 221 kilomètres carrés vers Saint-Chamond et Rive de Gier. Les couches, superposées quelquefois les unes aux autres jusqu'au nombre de vingt et une, ont plusieurs mètres d'épaisseur et touchent tantôt à la surface du sol, tantôt et plus souvent, elles s'enfoncent à une grande profondeur et sont exploitées à l'aide de puits et de galeries.—Le riche et immense bassin houiller qui occupe le sud de la Belgique pénètre en France jusqu'à Valenciennes (Nord), à 2 kilomètres de laquelle est la fameuse mine d'*Anzin*, qui emploie jusqu'à 16,000 ouvriers et fournit 14 millions de quintaux de houille chaque année. Il existe en France beaucoup d'autres dépôts de houille, dont les principaux sont ceux de Rhodès, d'Aubin, d'Alais, du Creuzot, de Blanzy, d'Épinal, de Littry, etc.

Le département de l'Ariége fournit une sorte de charbon de terre non combustible, nommé *graphite*, qui sert à faire les crayons vulgairement appelés de *mine de plomb*, quoiqu'ils ne contiennent pas une parcelle de ce métal.

89. Tourbières. — Les terrains tertiaires fournissent les *lignites*, substances charbonneuses plus ou moins analogues à la houille, mais bien moins abondantes. Les terrains de la formation la plus récente ont aussi leur combustible, qui est fort répandu, mais d'une qualité très-inférieure à la houille : c'est la *tourbe*, matière brune ou noirâtre, molle et spongieuse, composée de débris de végétaux entrelacés, et formée par l'accumulation de certaines plantes qui croissent en abondance dans les marais. Ces amas, qui existent en général dans les terrains marécageux qui ont été ou sont encore le fond de vastes étangs, sont souvent d'une épaisseur considérable. Ils se détachent quelquefois du sol et flottent à la surface des lacs, ou bien ils se couvrent d'une couche de terre végétale et forment des prairies dont le sol élastique fléchit et s'affaisse sous les pieds.

La tourbe, employée pour le chauffage, malgré son odeur désagréable, dans certaines régions peu fournies d'autres combustibles, est exploitée dans un grand nombre de nos vallées. Les tourbières, dont le nombre total s'élève à près de deux mille cinq cents, et qui s'exploitent à fleur de terre, sont surtout abondantes dans les vallées de la Somme, de l'Aisne, de l'Oise, de la Marne, de la Loire-Inférieure et de l'Isère.

Questionnaire. — 32. Qu'entend-on par minéralogie et quel est son objet ? — D'où extrait-on les différents minéraux utiles à l'industrie ? — 33. Quels sont les métaux qui existent en France ? — Où se trouve le fer ? — Citez les mines d'argent et de plomb. — Où s'exploite le cuivre ? — D'où tire-t-on le manganèse, l'antimoine ? — 34. Où trouve-t-on plus abondamment le plâtre de la meilleure qualité ? — Qu'est-ce que la chaux et d'où la tire-t-on ? — Quel est l'usage du kaolin ? d'où provient-il ? — Indiquez les principaux gîtes d'ardoises. — Où s'exploite le granit ? — Quels départements possèdent les carrières de marbre les plus abondantes ? — 35. Qu'est-ce que les marais salants et où sont-ils situés ? — 36. Qu'entend-on par sel gemme ? nommez-en les gisements les plus célèbres. — 37. Qu'entend-on par eaux thermales? — Quelles sont les contrées de la France où se trouvent les sources les plus réputées ? — 38. Décrivez le premier bassin houiller de France, désignez les autres. — 39. Comment exploite-t-on la tourbe ? — Où existe-t-elle principalement?

CHAPITRE NEUVIÈME.

GÉOGRAPHIE BOTANIQUE.

SOMMAIRE.

40. La géographie botanique décrit les plantes que produit le France suivant ses climats et ses terrains divers, et désigne les lieux où elles se trouvent. Elle constate la richesse végétale de notre pays.
41. Sur 53,000,000 d'hectares, la France présente environ 26,000,000 d'hectares en culture dont la moitié à peu près est consacrée aux céréales. Les terres d'alluvion sont les plus fertiles; les meilleures terres sont vers le Nord, les plus mauvaises en Bretagne et en Sologne. L'agriculture peut encore prendre de grands développements.
42. La France a environ 7,000,000 d'hectares de bois, dont peu de hautes futaies; les forêts les plus vastes sont situées dans les régions montagneuses de l'est et dans la Corse. L'Ouest a peu de bois.
43. Les principales essences sont les suivantes : chêne, hêtre, orme, charme, frêne, merisier, noyer, érable, peuplier, bouleau, tilleul, aune, employés pour la charpente, le charronnage, la menuiserie, le chauffage, etc.; les pins sont propres aux constructions navales, les châtaigniers sont précieux pour le bois et le fruit, enfin le chêne vert, le chêne-liége, le caroubier, etc.
44. Les arbres à fruit sont : pommier, poirier, prunier, cerisier, olivier, mûrier, oranger, etc. La vigne couvre 2,000,000 d'hectares dans les terroirs de Bourgogne, Bordeaux, Champagne, etc. — Les plantes alimentaires sont : les céréales, qui croissent dans les terres les plus fertiles, et sont : le blé, le seigle, l'avoine, l'orge, le sarrasin; puis les pommes de terre, betteraves, colza, légumes. — Les plantes fourragères croissent dans les prairies artificielles et naturelles. — Enfin les plantes industrielles sont: le houblon, le tabac, le lin, le chanvre, le chardon à foulon, la garance, le pastel.
45. Les zones de culture sont marquées par les latitudes propres à la croissance de certaines plantes et les limites graduelles de la culture de l'oranger, de l'olivier, du mûrier, du maïs, de la vigne, la région du Nord-Ouest ne produisant aucune de ces plantes.
46. La France est divisée en outre, en considération de la nature des

productions les plus abondantes dans ses diverses parties, en huit régions agricoles, savoir : régions du Nord, du Nord-Est, du Centre, du Centre occidental, du Sud-Est, du Sud, de Sud-Ouest, de l'Ouest ou des landes.

40. Géographie botanique. — La géographie botanique a pour objet la description des productions végétales du sol et la désignation des lieux où se trouvent plus particulièrement les plantes utiles à l'homme. La nature des terrains, leur disposition, la diversité des climats exercent sur ces productions une grande influence, et la France, favorisée à cet égard comme sous tant d'autres rapports, présente une extrême variété de végétaux qui sont employés, soit pour l'alimentation, soit pour l'industrie, soit pour les constructions. La France est de tous les pays de l'Europe celui qui est le plus en état, par ses richesses végétales, de suffire à ses propres besoins. Les forêts, quoique dévastées depuis soixante ans, fournissent encore à une magnifique exploitation ; son sol, presque partout fertile ou susceptible de le devenir, répond aux efforts de l'agriculture ; sa température, généralement modérée, s'élève cependant assez dans quelques régions pour y faire naître les fruits du Midi ; enfin ses riches coteaux produisent tous ces vins renommés qui rendent le monde entier tributaire de la France.

41. Étendue du sol arable. — La France a une superficie totale de 53 millions d'hectares environ, qu'on peut diviser en plusieurs catégories, d'après les différences très-notables que présentent ces terrains au point de vue de la production des végétaux. La *terre végétale* proprement dite, c'est-à-dire susceptible de nourrir des plantes, est un mélange de calcaire, de sable et d'argile d'autant plus fertile, qu'il s'y trouve en outre une plus forte proportion de ces résidus de matières organisées qu'on appelle *humus* ou terreau. On comprend dès lors que les terrains les plus propres à la culture sont les terrains tertiaires où existent les trois éléments principaux dont on vient de parler, et surtout les terrains d'alluvion (n° 30), où l'action des eaux a mélangé ces mêmes éléments en y ajoutant constamment de nouveaux débris de plantes et d'animaux. Les terres les plus fertiles se trouvent par conséquent dans toutes les vallées et dans la partie occidentale de la France où abondent les terrains tertiaires et d'alluvion. Le *sol arable*, c'est-à-dire mis en culture, comprend à peu près la moitié du sol total de la France, environ 26,000,000 d'hectares, dont 13,000,000 au moins sont consacrés à la production des diverses espèces de céréales, blé, seigle, avoine, orge, sarrasin, maïs, etc. Le reste se répartit entre la vigne, qui occupe 2 millions d'hectares; les prés, pâturages, bois, etc., 13,000,000; les chemins, places, terres vagues et marais incultes en comprennent 11 à 12 millions, dont une partie très-notable serait susceptible d'être mise en culture. On peut juger par ce résumé des ressources que l'agriculture offre à la France, et de celles qu'elle pourrait lui fournir encore si elle recevait tous les développements dont elle est susceptible.

Les départements les plus favorisés, sous le rapport de la fertilité, sont : vers le nord, celui d'Eure-et-Loir, et au midi, ceux du Tarn et du Gers, où les cours d'eau déposent sur leurs rives un limon d'une telle fécondité, que l'emploi des engrais y est presque inutile. La Sologne, la Bretagne, l'Auvergne, les Landes sont les régions qui présentent le plus de terres incultes et stériles. Les départements au nord de la Loire et de la Seine, surtout Eure-et-Loir, Seine-Inférieure, Seine-et-Marne, Yonne, Nord, placés dans des conditions naturellement favorables et cultivés avec un grand soin, sont ceux qui fournissent la plus forte proportion de céréales.

42. ÉTENDUE DU SOL FORESTIER. —L'ancienne Gaule

était presque entièrement couverte de forêts; aujourd'hui les bois et forêts n'occupent pas en France beaucoup plus de 7 millions d'hectares. Les hautes futaies, si précieuses par les matériaux qu'elles fournissent aux constructions de tout genre et à la marine, ont été malheureusement détruites en grande partie, depuis un demi-siècle surtout, et les reboisements n'ont pas compensé cette diminution regrettable de la richesse nationale. Un grand nombre de futaies qui existent encore se trouvent dans des régions montagneuses où la difficulté des communications et des transports empêche d'en tirer tout le parti désirable. Le développement de l'agriculture stimulé par la fertilité du sol a amené des défrichements surtout dans la partie occidentale de la France. La Bretagne est la région la plus dépourvue de forêts. C'est la partie orientale, d'ailleurs beaucoup plus couverte de montagnes, qui est demeurée la plus boisée. La Nièvre, avec les immenses forêts du Morvan, la Côte-d'Or, la Haute-Marne, les Montagnes des Vosges et des Ardennes sont les sites les plus importants au point de vue de la production forestière. La Corse présente de magnifiques futaies, mais d'une exploitation fort difficile.

43. ESSENCES DOMINANTES. — Les espèces d'arbres répandues dans nos bois et qu'on désigne sous le nom d'*essences forestières* varient avec les latitudes. Dans le nord et le centre croissent le *chêne*, le plus précieux de tous nos arbres comme bois de charpente, de menuiserie et de chauffage; le *hêtre*, fort apprécié à cause de sa solidité en lames minces; l'*orme*, excellent pour le charronnage; le *frêne*, bois élastique, essentiel à la carrosserie; le *charme*, qui brûle avec chaleur et éclat; l'*érable*, le *merisier*, le *noyer*, recherchés pour l'ébénisterie; le *peuplier*, arbre des vallées, bois blanc et tendre d'un usage très-répandu; le *bouleau*, combustible de la boulangerie ; le *tilleul*, au port majestueux ; l'*aune*, qui prospère dans les marais. Les diverses espèces de *pins, sapins, mélèzes, épicéas,* que leur croissance verticale et leur nature résineuse rendent particulièrement propres aux constructions navales, abondent avec le chêne sur les montagnes de toute la France.

Le *châtaignier*, cet arbre dont le tronc fournit d'excellentes charpentes, dont les branches donnent des échalas, des lattes, des cerceaux, d'une qualité inappréciable, dont le fruit nourrit des populations entières, le châtaignier prospère dans les terres sablonneuses du Limousin et de l'Auvergne, où il acquiert des dimensions colossales. Il occupe à lui seul en France près de 500,000 hectares.

Les dunes si longtemps stériles des Landes se couvrent aujourd'hui, grâce à une culture intelligente, de magnifiques forêts de *pins maritimes*, arbres qui se trouvent en grand nombre dans tout le bassin de la Gironde.

Dans les régions méridionales la richesse forestière change complétement de nature ; le *chêne-vert* remplace le chêne rouvre des forêts du nord, l'arbre antique des Druides ; le *chêne-liége* se laisse dépouiller sans en souffrir de cette écorce épaisse, élastique, qui se prête à tant d'usages domestiques. Le *caroubier*, le *pistachier*, le *jujubier*, précieux par leurs fruits, se multiplient naturellement dans les bois.

44. Productions végétales les plus utiles. — Les arbres et les plantes développés par la culture pour les divers usages de l'homme ne sont pas moins abondants ni moins précieux en France que les espèces croissant naturellement dans nos bois et dont nous venons d'indiquer les différents usages. Parmi les arbres, il faut nommer le *noyer*, dont le fruit, aussi utile que le bois, fournit de l'huile à plusieurs départements du centre ; le *pommier* et le *poirier*, dont tout le monde connaît les beaux et savoureux produits, et qui, cultivés en grand, fournissent abondamment le cidre, boisson qui remplace le vin en Normandie et en Picardie; le *prunier*, dont les baies, séchées et conservées sous le nom de pruneaux, sont l'objet d'un commerce important dans la Touraine, dans le Lot-et-Garonne; le *cerisier*, importé en Europe par Lucullus; l'*abricotier* et le *pêcher*, originaires de la Perse, nous donnent en abondance des fruits délicieux; l'*olivier*, dont la baie, convertie en huile excellente, enrichit des départements entiers; cet arbre n'acquiert pourtant que dans le Var de fortes dimensions; le *mûrier*, que l'on cultive sur une étendue considérable dans les départements du Midi pour la nourriture des vers-à-soie; l'*oranger*, qui prospère surtout dans les heureux environs de Cannes et d'Antibes.

Avant tous les arbres à fruit, il faut placer la *vigne*, à laquelle la France doit une grande partie de sa richesse. Elle occupe, avons-nous dit, à elle seule deux millions d'hectares (n° 41), où l'on récolte environ trente-cinq millions d'hectolitres de vin chaque année. La différence des températures, des terrains, des expositions influe sur les qualités du raisin et lui fait produire ces mille espèces de vins, supérieurs pour la plupart, mais de saveurs et de propriétés si diverses, qui répondent à tous les besoins et à tous les goûts. Au premier rang des vins de France, on place d'une part les vins de Bourgogne, qui ont rendu célèbres les lieux où ils se produisent : *Chambertin, la Romanée, Beaune, Pomard, Clos-Vougeot, Volnay, Nuits,* etc. (Côte-d'Or); d'autre part, les vins de Bordeaux non moins renommés : *Laffitte, Château-Margaux, Saint-Émilion, Sauterne,* etc. (Gironde). Les vins mousseux de Champagne, *Ay, Sillery, Épernay,* etc. (Marne), s'exportent dans le monde entier. La Drôme a son fameux crû de l'*Ermitage;* l'Hérault ses vins liquoreux de *Lunel* et de *Frontignan;* les Pyrénées orientales, celui de *Roussillon*, etc., etc. Dans les départements de la Charente et de la Charente-inférieure, dans le Languedoc, on convertit le vin en excellente eau-de-vie; celle de *Cognac* est la plus estimée.

Les autres productions végétales les plus utiles peuvent être classées en plantes *alimentaires*, plantes *fourragères*, plantes *industrielles*.

Parmi les premières, il faut nommer tout d'abord les céréales, base de notre alimentation. La plus précieuse de toutes, le *blé* ou *froment*, objet principal de notre culture, occupe de quatre à cinq millions d'hectares des terres les plus fertiles de toute la France; il est produit surtout en abondance par les riches plaines de la Beauce, entre Chartres, Étampes et Orléans; après elles, on peut citer celles de la Brie (Seine-et-Marne), de la Limagne d'Auvergne, des environs de Toulouse, etc. Le *seigle*, qui réussit dans des terres médiocres, impropres à la culture du blé, est cultivé sur une étendue à peu près moitié moindre. Les autres céréales, produites abondamment par la France, sont l'*orge*, l'*avoine*, le *maïs*, qui prospère surtout dans l'Est et le Midi, le *sarrasin*, ou *blé noir*, qui fournit une ressource précieuse aux habitants de la Bretagne et du Limousin, où le froment ne réussit pas généralement. Le *riz*, introduit dans le département des Bouches-du-Rhône et dans les Landes, n'y est encore cultivé que sur une petite échelle.

Après les céréales, il faut nommer la *pomme de terre*, dont la culture a pris dans notre pays un développement immense; la *betterave*, qui produit, surtout dans le département du Nord, un sucre rival de celui de nos colonies et un alcool que la disette des vins a rendu précieux depuis plusieurs années; le *colza*, dont l'huile est fort employée dans l'industrie et les arts; puis, les diverses espèces de légumes, objets de la culture des jardins ou horticulture, originaires de France ou importés de divers pays, et dont il serait trop long de parcourir la série nombreuse et si variée.

Les principales plantes fourragères employées pour l'alimentation des bestiaux sont : les *luzernes, trèfles, sainfoins, pois-vesces*, exploités en *prairies artificielles;* ce précieux mode de culture, applicable à tous les terrains, qui, en multipliant les moyens de nourrir partout du bétail et par suite d'engraisser les terres, a fait faire à la production agricole d'immenses progrès. Les *prairies naturelles,* qui ne prospèrent que dans les vallées et les plaines suffisamment arrosées ou les versants abrités des montagnes, sont surtout abondantes dans la Normandie, dont les célèbres *herbages* engraissent chaque année de superbes bestiaux.

Parmi les plantes industrielles, nous comprendrons, avec la betterave et le colza, qui occupent un si grand nombre d'usines, le *houblon*, propre à la fabrication de la bière, le *tabac*, consommé en prodigieuse quantité sous forme de feuilles séchées ou de poudre, dont le gouvernement s'est réservé le monopole, et un grand nombre de plantes employées par la médecine et la parfumerie.

La France fournit, en outre, plusieurs végétaux d'une utilité extrême pour la confection des étoffes et la teinture : le *lin*, cultivé dans la moitié de la France, surtout au nord et à l'ouest, et qui produit les plus fines toiles; le *chanvre*, dont l'usage est plus général encore et la culture plus étendue; le *chardon à foulon*, cultivé en grand dans le Midi et exporté dans toute l'Europe pour la fabrication des draps; la *garance*, qui fournit une belle teinture rouge et sert surtout comme mordant destiné à fixer sur les étoffes toutes les autres couleurs; le *pastel*, qui sert à teindre en bleu, etc.

45. GRANDES ZONES DE CULTURE. — Les températures diverses que présente la France ne permettent pas à toutes ces plantes de se produire également dans toute son étendue. Excepté le blé, le seigle, la pomme de terre, et quelques céréales ou plantes alimentaires, les autres végétaux de grande culture, comme on l'a déjà indiqué, ne réussissent que sous une certaine latitude ; de là des *zones de culture* assez bien déterminées, quoique nécessairement irrégulières à cause des circonstances diverses qui élèvent ou abaissent la température sous la même latitude. Ces zones, que l'on distingue par la désignation des plantes principales dont elles admettent ou excluent la culture, ne sont pas parallèles à l'équateur, et s'inclinent du nord-est au sud-ouest. Elles sont marquées par les limites de plus en plus septentrionales de la culture de diverses plantes, et généralement de l'oranger, de l'olivier, du mûrier, du maïs, de la vigne.

La zone septentrionale s'étend au nord d'une ligne sinueuse tirée du Morbihan aux frontières de la Moselle, et à laquelle s'arrête la *culture de la vigne ;* la limite de la *culture du maïs*, indiquée par une ligne tirée de la Charente au Bas-Rhin, forme une seconde zone ; la troisième s'étend jusqu'à la limite de la *culture du mûrier*, qui passe à peu près par le milieu de la France, à partir du département de l'Ain ; la quatrième jusqu'à la limite de la *culture de l'olivier*, qui suit une ligne oblique des sources de la Garonne à celles de l'Isère ; la cinquième est bornée par la limite de la *culture de l'oranger*, des Bouches-du-Rhône au Var ; la sixième est au midi de cette dernière limite.

Ainsi la première zone ne produit ni la vigne, ni le maïs, ni le mûrier, ni l'olivier, ni l'oranger ; la seconde produit la vigne ; la troisième la vigne et le maïs ; la quatrième la vigne, le maïs et le murier ; la cinquième ces trois végétaux et de plus l'olivier ; la sixième produit en outre l'oranger.

46. GRANDES RÉGIONS AGRICOLES. —Indépendamment

des zones dont il vient d'être parlé, la France se divise naturellement en grandes régions agricoles, d'après la nature des productions qui s'y rencontrent en plus grande abondance.

Voici les divisions généralement admises sous ce rapport :

La *région du Nord* présente des plaines immenses et fertiles, produisant abondamment des céréales, des prairies naturelles et artificielles, des racines alimentaires et des plantes oléagineuses, enfin des fruits à cidre.

La *région du Nord-Est*, plus montueuse, moins riche en céréales et à peu près dénuée d'herbages, a de vastes forêts et de précieux vignobles en Champagne et en Bourgogne.

La *région Centrale* réunit les racines, les fourrages, les céréales, sauf le froment, qui y est rare, les châtaignes, la vigne, le mûrier, le maïs.

La *région du Centre occidental*, appelée le *Jardin de la France*, d'un climat sain et tempéré, produit d'excellents fruits, des céréales abondantes, des prairies naturelles et artificielles.

La *région du Sud-Est*, généralement peu fertile, produit la vigne et le mûrier.

La *région du Sud*, chaude et sèche, produit la vigne, la garance, le maïs, l'olivier.

La *région du Sud-Ouest* présente, grâce à la chaleur et aux irrigations, des prairies admirables et des vignobles importants sur les versants des Pyrénées, et dans le bassin de la Garonne, elle donne, outre ses vins et ses truffes, des récoltes magnifiques.

La *région de l'Ouest* ou *des Landes* comprend principalement la Bretagne, dont les terrains primitifs sont généralement stériles, offrant de vastes plateaux couverts de maigres ajoncs et des collines nues. On rattache à cette région les landes de la Sologne et de la Touraine au centre, et les landes de Bordeaux au midi, où la végétation, féconde en arbres résineux, reprend plus de puissance.

Questionnaire. — 40. Qu'entend-on par géographie botanique ? — Quel est le caractère de la production végétale de la France ? — Combien la France contient-elle d'hectares de terrain ? — Combien y en a-t-il en culture ? — Combien sont affectés aux céréales ? — Combien sont improductifs ? — Où sont les meilleures et les plus mauvaises terres ? — 41. Combien la France possède-t-elle d'hectares de bois ? — 42. Où sont situées les principales forêts ? — 43. Nommez les principaux arbres qui croissent dans nos forêts et indiquez leur usage. — Quels sont les arbres particuliers au Midi ? — 44. Énumérez les principaux arbres à fruit. — *Donnez quelques détails sur la culture de la vigne et son importance.* — Quelles sont les céréales cultivées en France, les principales racines alimentaires ? — Nommez quelques plantes fourragères, oléagineuses, textiles, tinctoriales. — 45. Faites comprendre le principe de la division de la France en zones de culture. — Indiquez les principales zones. — 46. Combien compte-t-on en général de grandes régions agricoles en France ? — Énumérez-les et caractérisez chacune d'elles par ses principaux produits. — *Dites ce que vous savez sur celle que vous habitez.* — Citez les productions végétales que vous y connaissez.

CHAPITRE DIXIÈME.

FAUNE DE LA FRANCE.

SOMMAIRE.

47. La faune de la France est la description des espèces animales qui ont vécu et qui existent encore sur son sol. Notre pays possède les animaux les plus utiles et peu d'animaux dangereux.

48. Les fossiles, nuls dans les terrains primitifs, appartiennent dans les terrains de transition et secondaires inférieurs aux animaux de l'organisation la plus simple. Les reptiles étrangers et gigantesques caractérisent les terrains jurassiques. Les terrains tertiaires présentent de grands mammifères : mastodonte, paleotherium, etc., qui n'existent plus, ou des animaux appartenant aujourd'hui à des climats plus méridionaux.

49. La production des bestiaux dans notre pays n'est pas au niveau des besoins de notre agriculture, de notre industrie, de notre alimentation. L'insuffisance des chevaux se fait sentir surtout dans les races à la fois vigoureuses et agiles. Les moutons ne produisent pas toute la laine nécessaire pour nos fabriques de tissus ; la France est obligée de s'approvisionner au dehors d'un supplément de bêtes à cornes. La viande de boucherie y est généralement en quantité insuffisante.

50. Parmi les races de chevaux on distingue au premier rang les races limousine et normande pour la beauté et la légèreté. La race bretonne se recommande par son ardeur. Les chevaux du nord pour l'agriculture, ceux du centre pour la cavalerie, etc. Les mulets sont tirés du Poitou. Le Morvan, l'Anjou et le Poitou élèvent beaucoup de bœufs ; ceux que l'on engraisse dans les herbages de la basse Normandie sont tirés de divers pays, ils appartiennent souvent aux belles races de la Loire-Inférieure, du Maine, de l'Auvergne, du Limousin, etc. Les vaches flamandes fournissent beaucoup de lait. De nombreux troupeaux de moutons pâturent en Berry, ceux de Pré-Salé sont encore plus estimés. Les mérinos amenés d'Espagne ont contribué à régénérer nos espèces. Les porcs de Lorraine et d'Alsace sont renommés.

51. Le ver à soie, introduit en France au quinzième siècle, est élevé dans les départements qui produisent le mûrier, de l'Ain aux Pyrénées-Orientales. La soie est travaillée avec une grande supériorité à Lyon, à Saint-Étienne, à Paris.

52. La pêche maritime comprend la pêche de long cours (de la baleine, de la morue, etc.) et la pêche des côtes, soit à l'aide d'engins sur le rivage, soit à l'aide de bateaux pêcheurs. On pêche les harengs, maquereaux, sardines, saumons, raies, soles, etc., dans l'Océan ; le thon et l'anchois dans la Méditerranée. Les bancs d'huîtres de Cancale, Marennes, ainsi que la pêche des moules, homards, langoustes, etc., ont une grande importance.

47. Faune de la France. — Les naturalistes entendent par la *faune* d'un pays la description des animaux qui s'y trouvent. La faune générale de la France a pour objets les espèces qui, ayant vécu autrefois sur son sol, n'y existent plus aujourd'hui qu'à l'état de débris plus ou moins bien conservés, ou *fossiles*, et les espèces vivantes qui s'y rencontrent, soit à l'état naturel ou sauvage, soit à l'état domestique.

La France est fort riche sous ce triple rapport. Les terrains si divers qui composent son sol abondent en restes très-remarquables d'animaux depuis longtemps disparus de la surface du globe. Placée dans des conditions particulièrement favorables de nature et de climat, notre patrie nourrit les espèces les plus utiles à l'homme et ne possède qu'un petit nombre d'animaux dangereux, qui tend à diminuer de jour en jour.

48. Anciens animaux qui n'existent plus sur notre sol. — On sait que les terrains primitifs ne contiennent pas de fossiles. Mais, à partir des terrains de transition, on rencontre dans notre sol, de couche en couche, des débris parfaitement reconnaissables, qui, le plus souvent, ne ressemblent ni à ceux du terrain inférieur, ni à ceux du terrain supérieur, et qui, par conséquent, ont apparu sur le globe à une époque différente.

Les espèces, d'ailleurs, présentent, en général, une organisation d'autant plus parfaite que l'on approche davantage des terrains les plus récents. Ainsi, dans les terrains de transition inférieurs ne se trouvent guère que des animaux marins d'une structure fort simple, analogues aux éponges, aux polypes et à divers mollusques; nos bassins houillers, appartenant aux terrains de transition supérieurs, renferment, au milieu des restes de ces énormes végétaux qui se sont carbonisés au sein de la terre, des insectes de diverses sortes, des coquillages d'eau douce, des poissons et des reptiles qui existent aussi avec quelques autres espèces dans les terrains secondaires inférieurs. Le terrain jurassique est le siége d'une faune toute spéciale caractérisée surtout par une foule de reptiles à formes bizarres et à taille gigantesque : le *megalosaurus*, grand lézard long de plus de 10 mètres; l'*ichthyosaurus*, ou poisson-lézard, ayant, au lieu de pattes, des nageoires semblables à des rames; le *plesiosaurus*, ou lézard-serpent; le *pterodactyle*, ou lézard-volant, ayant des ailes semblables à celles de la chauve-souris; le crocodile, la tortue géante, etc. On a découvert dans les mêmes terrains quelques débris d'oiseaux.

A l'époque géologique de la formation des terrains crétacés, la mer paraît avoir recouvert toute la France septentrionale et méridionale, où elle a déposé dans les couches crayeuses des animaux qui se rapprochent de ceux des terrains jurassiques et qui appartiennent surtout à la classe des reptiles gigantesques. Parmi ces animaux, l'un des mieux conservés, le *crocodile de Meudon*, avait 8 à 9 mètres de longueur.

Dans les terrains tertiaires on découvre un grand nombre d'espèces de mammifères aquatiques et terrestres, au milieu d'une multitude prodigieuse de coquillages. Les couches inférieures présentent les débris de *mastodontes*, de *paleotherium*, animaux à peau épaisse, ressemblant aux éléphants et aux hippopotames, de cerfs gigantesques qui n'existent plus aujourd'hui. Les couches supérieures et les plus anciennes alluvions nous montrent même dans les environs de Paris, mélangés aux animaux précédents, des éléphants, des rhinocéros, des hippopotames, des hyènes, des lions, des tigres, des panthères, des ours, des singes, animaux qui n'habitent plus notre pays et dont la présence fait supposer qu'à cette époque le climat en était beaucoup plus chaud qu'aujourd'hui. Les seules bêtes féroces qui vivent encore en France sont les loups, relégués au fond des forêts, et quelques ours dans les solitudes les plus écartées des Alpes et des Pyrénées.

49. Produits de la France en chevaux, bêtes a laine et bêtes a cornes. — La France, qui, parmi ses animaux sauvages, possède un grand nombre de quadrupèdes, d'oiseaux et de poissons, que la chasse et la pêche amènent sur nos tables, la France produit tous les animaux domestiques appartenant aux espèces les plus précieuses des climats tempérés. Toutefois, cette production n'est pas, comme celle des céréales, au niveau des besoins de notre agriculture, de notre industrie, et de notre alimentation; de grands progrès restent à faire pour que nous cessions, à cet égard, d'être tributaires des étrangers. — Il naît environ deux cent trente mille chevaux par an dans notre pays, mais il faut en outre chaque année en introduire vingt ou vingt-cinq mille, empruntés surtout aux bonnes races allemandes. Il existe en tout environ trois millions de chevaux, juments et poulains. — La France, qui ne possède guère plus de trente millions de bêtes à laine, achète chaque année à l'Espagne près de deux cent mille moutons et un grand nombre de chèvres; elle consomme annuellement environ six millions de moutons et d'agneaux. La quantité de laine produite par la tonte des moutons en France est loin de suffire aux nécessités de sa fabrication, qui est obligée de faire des achats considérables à l'étranger.

Le nombre des bêtes à cornes, taureaux, bœufs, vaches et veaux s'élève à environ dix millions, sur lesquels, chaque année, la boucherie consomme plus de deux millions deux cent mille veaux et un million de bœufs et de vaches. L'insuffisance de la production de ces animaux en France oblige à en importer chaque année environ quarante mille. — Le nombre trop restreint des bêtes destinées à la boucherie réduit en France d'une manière très-regrettable la consommation de la viande parmi les classes laborieuses.

50. RÉGIONS FAVORABLES A L'ÉLÈVE DES TROUPEAUX OU DE L'ESPÈCE CHEVALINE. — Ces différents bestiaux, tous indispensables soit à l'exploitation des terres, soit à la nourriture de l'homme, soit à son industrie, sont répartis sur notre sol d'une manière fort inégale, d'après les ressources plus ou moins grandes que les diverses régions offrent pour leur production et leur entretien.

La France possède plusieurs races de chevaux qui s'améliorent d'une manière sensible par des soins bien entendus. Les chevaux *limousins*, élevés dans la Haute-Vienne, sont les plus estimés pour la beauté des formes, la vigueur et la rapidité; les chevaux *normands* et *percherons*, sortis des beaux pâturages du Calvados et de l'Orne, et employés pour la selle et le carrosse, se rapprochent, par leur élégance, des chevaux anglais. Les chevaux *bretons*, peu remarquables de formes, sont d'une ardeur infatigable, ainsi que les petits chevaux *corses*. Plusieurs provinces du centre : le Maine, l'Orléanais, la Bourgogne, la Franche-Comté, le Dauphiné, ainsi que les Pyrénées et les Landes, fournissent des chevaux propres à la cavalerie légère. De nombreux croisements avec la race anglaise contribuent à améliorer de jour en jour ces races, qui fournissent chaque année à toutes les armes de la cavalerie un nombre considérable de chevaux.

Le dépôt de remonte de Caen en fournit plus de trois mille dans les années ordinaires. Les provinces du sud-ouest, l'Auvergne, le Nivernais, etc., élèvent des chevaux de qualités diverses, employés, pour la plupart, comme chevaux de trait. Les meilleurs chevaux pour les travaux de l'agriculture et le service des postes viennent de l'Artois, de la Picardie, des Ardennes et de l'Alsace.

Il faut signaler la belle race de mulets que fournissent le Poitou, le Puy-de-Dôme, le Cantal, et dont la plus grande partie est exportée en Espagne. Les ânes, qui existent en grand nombre dans presque toute la France, sont pour la plupart fort dégénérés, mais rendent cependant de grands services aux classes pauvres.

Les bœufs sont fournis par le Morvan, le Poitou et l'Anjou; ceux de la plus belle dimension sortent en général des herbages de la basse Normandie, et surtout de ceux du Cotentin, où ils trouvent une nourriture abondante; mais ils n'en sont point originaires pour la plupart et y sont amenés de divers points de la France, où s'élèvent plusieurs bonnes races de bêtes à cornes. La race flamande est recherchée dans le Nord pour l'abondance et la qualité du lait. Les départements de la Loire-Inférieure et de Maine-et-Loire produisent les animaux de plus forte taille, dont le poids atteint et dépasse parfois 450 et 500 kilogrammes. Les bœufs de l'Auvergne, du Limousin et de la Saintonge se rapprochent de ces derniers. La race bovine, en Bretagne, est, comme la race chevaline, petite, mais vigoureuse.

La production des moutons n'exige pas, comme l'élève des bêtes bovines et chevalines, de vastes et gras paturages. Les bêtes ovines s'élèvent facilement dans toutes les régions, pourvu qu'elles ne soient pas humides et marécageuses. C'est le Berry qui nourrit le plus grand nombre de moutons; mais ils y sont de petite taille. La Bourgogne, les Ardennes, mais surtout les côtes de la Normandie, où sont les fameux pâturages dits *Prés-salés,* fournissent à la boucherie les bêtes les plus estimées. Ceux des Bouches-du-Rhône ont également une grande réputation. Les moutons de Picardie donnent en général un suif abondant; ceux des départements voisins des Pyrénées doivent à leur voisinage de l'Espagne, si renommée pour ses beaux *mérinos,* la finesse et la souplesse de leur laine.

Le porc, dont la chair fournit presque exclusivement à l'alimentation des habitants des campagnes, se trouve en abondance dans la France entière, mais surtout dans la Lorraine et l'Alsace.

51. VERS-A-SOIE. — La France qui, dans presque toutes les branches de l'industrie, peut rivaliser avec les autres nations, a une supériorité incontestable dans la préparation des riches étoffes de soie, supériorité qu'elle doit à la fois au bon goût, à l'habileté des ouvriers et à la production abondante sur son sol de la matière première. Le ver-à-soie, ce précieux insecte apporté de Chine et introduit en France à la fin du quinzième siècle, y est élevé avec un grand succès dans une foule de *magnaneries,* partout où la culture du mûrier permet de lui fournir la nourriture qui lui est nécessaire. Ce sont les départements du Gard, de l'Ain, de Vaucluse, de la Drôme, de l'Hérault, de l'Ardèche, du Var, de l'Isère, des Basses-Alpes, de l'Aveyron, de l'Aude, des Pyrénées-Orientales, des Bouches-du-Rhône, tous riches en mûriers, qui se livrent surtout à l'éducation des vers-à-soie. Si les soies communes sont préparées dans plusieurs pays avec autant de succès qu'en France, nul peuple ne nous égale pour les belles étoffes où l'élégance du dessin et le charme des nuances s'unissent à la perfection du tissu. Les fabriques de Lyon, de Saint-Étienne, de Paris, ont fait admirer du monde entier leurs incomparables produits aux expositions universelles de Londres et de Paris.

52. Pêcherie sur nos côtes. — A tous les produits alimentaires et industriels de son sol la France ajoute encore les immenses ressources que lui fournit la pêche maritime sur la vaste étendue de ses côtes.

La pêche maritime est l'objet de la juste sollicitude et de la protection éclairée de nos lois, soit qu'il s'agisse de la grande pêche, qui envoie chaque année des flottes entières à la recherche de la baleine, de la morue, du hareng, et prépare ainsi par des voyages de long cours des matelots exercés pour notre marine; soit qu'il s'agisse de la pêche des côtes, qui fait vivre des populations nombreuses et alimente les marchés de l'intérieur. Cette dernière pêche se fait au moyen de parcs et engins disposés le long des rivages, ou bien à l'aide de filets traînés en mer par les bateaux pêcheurs. Le thon et les anchois font l'objet le plus important des pêches de la Méditerranée. Dans l'Océan, les maquereaux et les harengs, lors de leurs apparitions périodiques dans nos parages, les sardines, qui abondent sur les côtes de Bretagne, sont principalement réservés pour la salaison; le saumon, le turbot, le merlan, la raie, la sole, le mulet, etc., sont plus spécialement destinés à être mangés frais.

C'est encore sur les côtes de l'Océan que se trouvent ces précieux bancs d'huîtres, exploités sans cesse sans jamais être épuisés, qui font la renommée et la richesse de la baie de *Cancale* (Ille-et-Vilaine), des côtes de *Marennes* (Charente-Inférieure).

Les moules, coquillages très-communs, les langoustes et les homards, forment encore un produit important de nos régions maritimes, dédommagées amplement par les profits de la pêche de ce qui manque souvent en fertilité à leurs campagnes.

QUESTIONNAIRE. — 47. Qu'entend-on par faune de la France ? — Que remarquez-vous à l'égard des productions animales de notre pays?— 48. Quels sont les fossiles qui se trouvent dans les terrains de transition, secondaires, tertiaires, d'alluvion? — 49. Quelle remarque faites-vous relativement à la production du pays en bestiaux, comparée à sa production en céréales ? — Quelle est cette production en chevaux, bêtes à laine et à cornes? — Quelles sont les conséquences regrettables de l'insuffisance de cette production? — 50. Quelles sont les races de chevaux les plus estimées ; — Quelle sorte de chevaux la France se procure-t-elle surtout à l'étranger ? — Où s'engraissent le mieux les bœufs ? — Sont-ils originaires du même pays ? — D'où viennent les plus belles races ? — Quelle partie de la France a les moutons les plus nombreux ? — Quels sont les plus recherchés pour leur chair, pour leur laine ? — Où élève-t-on surtout des porcs ? — 51. Quand le ver-à-soie a-t-il été introduit en France, où est-il surtout élevé ? — Où sont les plus importantes fabriques de soieries ? —52. Quelles sont les deux sortes de pêche maritime ? —Indiquez les poissons que l'on prend surtout le long des côtes de la Méditerranée et le long des côtes de l'Océan. — Quels coquillages y recueille-t-on et en quels lieux ?

TABLE DES MATIÈRES

	Pages.
Géographie physique de la France....................	1

CHAPITRE PREMIER.
Limites et étendue de la France. — Les mers.......... 1

CHAPITRE DEUXIÈME.
Montagnes.. 8

CHAPITRE TROISIÈME.
Grandes régions physiques de la France.............. 14

CHAPITRE QUATRIÈME.
Fleuves et rivières.................................. 21

CHAPITRE CINQUIÈME.
Fleuves et rivières (suite).......................... 23

CHAPITRE SIXIÈME.
Eaux stagnantes et pluviales. — Climat............... 33

CHAPITRE SEPTIÈME.
Géologie... 42

CHAPITRE HUITIÈME.
Géographie minérale.................................. 56

88 TABLE DES MATIÈRES.

CHAPITRE NEUVIÈME.
Géographie botanique.................................. 67

CHAPITRE DIXIÈME.
Faune de la France..................................... 78

FIN DE LA TABLE DES MATIÈRES.

Paris. Imprimerie Morris et Comp., rue Amelot, 64.

www.ingramcontent.com/pod-product-compliance
Lightning Source LLC
Chambersburg PA
CBHW070318100426
42743CB00011B/2462